법륜·다섯

한 발은 풍진 속에 둔 채

현대인을 위한 불교의 가르침

릴리 드 실바 지음 | 정원 김재성 옮김

고요한소리

One Foot in the World

Buddhist Approaches to Present−day Problems

Lily de Silva

The Wheel Publication No. 337/338
BUDDHIST PUBLICATION SOCIETY
Kandy, Sri Lanka

일러두기

· 이 책에 나오는 경經의 출전은 영국 빠알리성전협회PTS에서 간
  행한 로마자 본 빠알리 경임.
· 로마자 빠알리어와 영문 책 제목은 이탤릭체로 표기함.
· 각주는 원주이며, 역주는 〔역주〕로 표기함.

차 례

머리말

　부처님께서는 비구, 비구니의 출가승들만을 상대로 가르침을 펴신 것이 아니라 재가在家의 남녀 신도들을 위해서도 가르침을 베풀어 주셨다. 그러니 불교 공동체를 이루는 사부대중들은 다 같이 하나의 공통된 궁극 목표를 가지고 있는 것이다. 그 목표는 바로 열반의 증득이다. 열반은 물론 이 세상으로부터 완전하게 벗어나 해탈하는 것을 뜻하지만 해탈을 향해 나아가고 있을 동안은 불자일지라도 세상살이를 면할 수가 없다. 따라서 속세의 존재로서 겪어야 되는 갖가지 어려움을 그들도 마찬가지로 겪어내어야만 한다.

　특히 재가의 불자들에게 있어 이 문제는 심각한 양상을 띤다. 마음으로는 아무리 해탈의 길을 지향하고 싶어도 세속생활을 해야 하는 몸인지라 자연히 세속의 요구와 유혹 앞에 시달리기 마련이며 도심道心을 지켜내기가 여간 어렵지 않기 때문이다. 부처님께서 이러한 재가 신도들의 고충을 모르지 않으셨고 외면하지도 않으셨다. 그분께서는 재가신도들의 곤경을 충분히 알고 세심한 관심을 기울여 주셨다. 재가자가 세속생활을 영위하면서도 올바른 길에서 벗어나지 않도록 법답게 사는 길을 가르쳐주신 것이다.

한편 재가불자인 우리들로서는 부, 쾌락, 성공과 같은 세속적 목표를 추구하는 데 골몰한 나머지 원래의 정신적 목표를 잊어버리게 되는 일이 없도록 항상 정신을 차리고 있어야 한다. 특히 기본 오계만은 범하지 않도록 매우 주의해야 할 것인 바, 이를 어기면 도道에서 퇴보하게 마련이기 때문이다. 우리는 재가자가 이루어낼 수 있는 높은 공부를 결코 가벼이 생각해서는 안 된다. 경에도 나오듯이 결혼 생활을 하고 있는 사람일지라도 네 가지 성인聖人의 단계1 중 예류과와 일래과는 이룰 수 있으며, 세속생활을 하면서도 독신을 지킨 사람 중에는 불환과를 이룬 사람도 있다는 것, 심지어는 생전에 아라한과마저도 증득한 재가자들의 예를 설하고 있다는 것을 우리는 잊지 말아야 할 것이다.

---

1 〔역주〕수행에 의해 차례로 증득하게 되는 네 가지의 초세간적 성위 聖位. 예류과預流果, 일래과一來果, 불환과不還果, 아라한과阿羅漢果.

빠알리 경에는 모범적인 재가 남녀들의 예가 무수히 실려 있다. 가장 저명한 이름들만 꼽아도 아나타삔디까〔給孤獨長者〕, 위사카〔鹿子母〕, 나꿀라의 양친 같은 훌륭한 남녀 불자들을 들 수 있다. 따라서 우리 재가불자들도 바로 금생 동안에 일체 고를 종식시키도록 모든 노력을 다해야 할 것이다. 부처님의 가르침대로 절제하며 수행 생활을 해나가면서 생사生死의 궁극적 진리에 대한 통찰을 계발하려는 목표 아래 선정을 부지런히 닦아야 할 것이다.

이 작은 책자는 해탈을 열망하는 재가 신도들이 겪고 있는 생활의 다양한 문제점들을 살펴보려는 의도에서 엮은 것이다. 특히 오늘날처럼 물질주의적이고 세속화된 세계에서 더욱 절실해지고 있는 문제들을 다루고자 했다. 필자처럼 한 발은 풍진 속에 디딘 채 다른 한 발로는 열반에의 길을 밟아 나가고자 하는 분들께 이 글이 조금이나마 도움이 되어, 매일같이 겪고 있는 문제점들을 이해하고 타개해 나가는 데 힘이 되었으면 한다.

릴리 드 실바

세속인의 행복

　현대 생활은 무척 짜증스럽고 문제투성이다. 생활수준은 일반적으로 향상된 것이 분명한데도 사람들은 변함없이 나날의 생활이 주는 중압에 눌린 채 큰 고생을 겪고 있다.

　사람들의 신체 조건도 애처로우리만큼 열악해져서 걸핏하면 암이다, 심장마비다, 당뇨다 해서 전에 없이 많은 사람들이 때 아닌 죽음을 당하고 있다. 또 정신적으로도 과도하게 긴장에 짓눌린 나머지 긴장을 푸는 방법마저도 잊어가고 있다. 수면제가 없으면 깊은 잠마저 이루지 못하게 된 것이다. 사정이 이와 같으니 자연히 서로간의 관계도 쉽게 상처를 받고 걸핏하면 깨어져버린다. 그 결과 이혼율이 놀라우리만큼 높아져버렸고, 이것은 다시 기아棄兒, 소년범죄, 자살과 같은 일련의 사회문제를 불러일으키고 있다. 이처럼 삶 자체가 골치 아픈 짐 덩어리로 되어가는 형편에서는 좀 더 견딜만하고 즐길만한 삶을 만들어내는 해결책을 찾는 일이 무엇보다도 급선무가 아닐 수 없다.

부처님의 말씀은 영구한 가치와 보편적 적용력을 가진 것이기 때문에 그리고 출가자뿐만 아니라 재가자를 위해서도 설하셨으니까 이 기회에 우리는 부처님 말씀 중에 오늘날의 문제를 푸는 데 적절한 말씀은 없는가 찾아봄직하다.

《증지부》(Ⅱ권 69쪽)의 〈적절업품適切業品〉에 보면 아나타삔디까에게 설하신 한 경에서 부처님께서는 재가자의 네 가지 즐거움에 대하여 언급하고 계신다. 확실히 이 경의 가르침은 오늘날 우리가 당면하고 있는 문제들을 푸는데도 적절한 통찰을 제공해준다.

여기서 열거하는 네 가지 즐거움은 다음과 같다.

물질적 부를 지니는 즐거움
물질적 부를 누리는 즐거움
빚이 없이 사는 즐거움
비난받을 일이 없는 즐거움

이제 이들을 하나하나 검토해 보면서 오늘날의 세계에서 행복한 삶을 사는 데 어떻게 활용할 수 있을지 살펴보기로 하자.

물질적 부를 지니는 즐거움

사람은 비난받아 마땅한 거래 즉 육류, 주류, 독극물, 무기, 노예 등을 취급하는 장사를 피하여 정당한 생계 수단을 취해야 할 뿐 아니라 그 정당한 직업에 대해서도 건전한 자세로 임해야 한다.

예를 들어 돈 벌 욕심에 눈이 어두워 의사가 자기 지역에 유행병이 번진 것을 내심 반긴다거나 장사꾼이 물건 값을 올려 팔 욕심에서 천재지변이 일어나기를 고대한다면 그 의도부터가 불순하고 사악하기 때문에 그렇게 해서 번 돈은 정당한 돈이 될 수 없다. 또 자기 직무를 수행하는 중에 남을 속이거나 이용해서도 안 된다. 인내심을 가지고 꾸준히 노력해서 자신의 생계를 꾸려야 하며 그렇게 힘들여 번 재산을 정당한 재산이라 부른다.

여기에 한 가지 더 첨부해야 할 점이 있다. 아무리 돈을 많이 벌 수 있다 하더라도 자기가 가진 재산에 만족을 느끼지 못하는 사람은 진실한 의미에서 지님의 즐거움을 누리지 못하고 만다. 이런 사람의 축재는 밑 빠진 독에 물붓기와 다를 바 없다. 그런데 이런 증상이 오늘날 우리 사회에 만연하고 있는 것이다. 어이없는 과다한 재산 증식은 행복의 원천이 아니라 근심의 장본인이 된다.

그런 재산은 다른 파렴치한 사람들의 마음에 질투심을 불러일으켜 갖은 술책을 다 쓰게끔 만들 수 있으며 극단적으로는 협박, 유괴 따위의 범죄행위를 자신의 주변으로 끌어들이는 셈이 된다. 하지만 생계 수단이 정당하고 부에 대해서도 올바른 자세를 지닌다면 그런 사람은 현대인들이 돈 때문에 치르고 있는 그 많은 위험부담을 대부분 모면하게 된다.

물질적 부를 누리는 즐거움

이처럼 부는 우리의 행복을 실현하는 데 유용한 도구일 뿐, 그것이 바로 행복은 아니다. 그럼 어떻게 하면 부를 즐겁게 누릴 수 있을 것인가 하는 것은 별개의 문제이며, 이것은 주의 깊게 계발할만한 가치가 충분히 있는 하나의 기술이라고 할 수 있겠다. 먼저 불교에서는 지나친 사치와 인색, 둘 다를 경계하고 있다. 분수에 알맞게 균형 잡힌 건전한 생활수준을 유지해야 한다는 것이다. 가령 부를 향락하는 과정에서 감각적 쾌락에 과도하게 탐닉한다면 얼마 못가서 대번에 건강을 해치고 말 것이다. 예를 들어 형편이 닿는다 해서 음식을 과탐한다면 곧 그 사람은 심장마비나 고혈압, 당뇨 같은 병에 걸리고 말 것이다. 그런 사람들은 '제 혀로 제 목을 베는 꼴'이 될 것이다. 음식의 절제는 불교에서 찬양받는 덕목의 하나이다. 이는 건강을 증진시키는 좋은 습관이기 때문이다.

사람들은 부를 향락한답시고 담배를 피우거나 술을 마시는 등 건강에 해로운 습관을 몸에 붙이는 수가 많다. 사람같이 자기를 사랑해마지 않는 존재가 자신의 육신을 파멸로 이끌 나쁜 버릇에 빠져 결국 스스로 제 원수 노릇을 하고 만다는 것은 참으로 역설적이라 아니할 수 없다.

담배를 피우면 폐암에 걸릴 확률이 가장 높아지며 또 술을 마시면 신체의 가장 중요한 장기들에 회복 불능의 치명상을 입히게 된다는 것은 의학적으로 확증된 사실이다. 단 한순간이나마 진정으로 자신의 행복에 대해 생각해 본 일이 있다면, 그리고 자신에 대하여 한 가닥이라도 연민의 정을 품고 있다면 이와 같은 나쁜 버릇에다 자신을 내맡길 수는 없을 것이다.

부유하기 때문에 오히려 꿀단지에 빠진 개미 꼴이 되고 마는 딱한 사람들이 우리 주변에 많이 있다. 그런 사람들은 부를 지닐 줄만 알았지 부를 누리는 즐거움은 알지 못하는 사람들이다. 그들은 육신을 한낱 쾌락의 도구 정도로 생각하여 남용해버리기 때문에 노쇠현상을 촉진시켜 원래 누릴 수 있었던 향락의 시간을 절반도 채 못 되게 줄여버리고 만다. 참으로 자신을 사랑한다면 지나친 탐닉으로 몸을 상하게 할 것이 아니라 적절히 보살펴 잘 가꿀 일이다. 왜냐하면 이 몸으로서 즐길 수 있는 일에는 감각적 쾌락뿐만 아니라 열반이라는 정신적 지복 역시 있기 때문이다.

부를 누리는 또 하나의 방법은 베풀 줄 아는 것이다. 베풀 줄 모르는 사람이 되지 않고, 자기보다 못 가진 불운한 사람들에게 자신의 부를 나누어줄 줄 아는 사람이 될 때 우리는 다른 사람의 기쁨이 나의 행복이 되는 고귀한 경험을 맛볼 수 있다. 동시에 타인의 질투와 음모의 대상이 되는 대신 그들에게서 선의의 사랑을 받아 누리게 될 것이다.

빚이 없이 사는 즐거움

우리가 이야기하고 있는 경에서 세 번째로 열거하고 있는 것은 빚이 없이 사는 즐거움이다. 경제적인 면에서 전혀 빚을 안 질 수 있다면 그 사람은 분명 행운아임에 틀림없다. 그러나 이 세상에 대해 진정한 의미에서 아무런 빚도 지지 않는다면 그 사람이야말로 참으로 훌륭한 사람이라 해야 할 것이다. 그런 사람은 자신의 의무를 양심적으로 성실하게 수행한 사람일 것이다. 가령 임금 노동자라면 자신이 받는 만큼 자기 직무를 수행해내야 한다. 그렇지 않으면 자기가 받은 봉급에 대해 빚을 진 것이 된다. 부모는 자기 자식들에 대하여 의무를 다해야 된다. 우리 사회에서는 자식들에게 부모를 존경하고 보살펴드리라고 가르친다. 따라서 부모들 역시 자기가 받는 존경에 값할 만큼 책무를 다하는 부모가 되어야 하는 것이다. 술이나 도박과 같은 나쁜 버릇에 빠져 가족을 제대로 돌보지 않는 아버지는 가족에게 큰 빚을 지고 있다.

이처럼 우리는 모든 사회적 역할을 제대로 이행해 낼 때에만 빚이 없는 상태의 만족감을 누릴 수 있다.

비난받을 일이 없는 즐거움

　비난받을 일 없이 삶을 살아가는 만족감이야말로 세속인이 누릴 수 있는 최상의 만족감일 것이다. 모든 사회에는 각기 나름대로 그 구성원이 따라야 할 윤리 규범이 있다.

　불교에도 불자의 생활을 규제하는 윤리규범이 있는데 그 중 가장 기본적인 것이 다섯 가지 계〔五戒〕이다. 다섯 가지 계란 살인, 도둑질, 간음, 거짓말, 음주를 하지 않는 것이다. 만약 이 계들만 잘 지킨다면 정당하게 삶을 사는 데서 맛보는 만족감을 크게 누릴 수 있을 것이다. 남이 나에게 그렇게 하지 말아 주었으면 하는 일을 나도 남에게 하지 않는 것이 이들 덕목의 밑바닥을 흐르는 근본정신이다.

　또 불교에서는 부끄러워할 줄 아는 마음〔慙 hiri〕과 잘못을 두려워하는 마음〔愧 ottappa〕을 신성한 법이라 평가한다. 이 둘은 사람을 동물세계로부터 구분하는 기본적 자질이기 때문이다. 사람에게는 잘못을 저지르지 않도록 신중을 기하게 만드는 양심이란 게 있으며 이 점이 동물과 구별되는 것이다.

　뿐만 아니라 불교는 비난받을 일 없는 정신적 활동 또한

인정하고 있다. 탐욕과 성냄과 어리석음에서 오는 정신적
활동은 건전치 못할 뿐 아니라 비난받아 마땅한 것들이다.
그러한 정신적 행위가 어떻게 불행의 원천이 되는가 한번
살펴보자.

화를 내고 있는 사람의 경우를 예로 들어보자. 성을 내
면 어떤 증세가 오는가? 호흡이 거칠어지고 심장이 두근
거리며, 얼굴이 달아오르고, 열이 오르고 땀이 나며, 몸이
떨리고 안정을 잃는다. 이런 식으로 육체적으로 표출되는
분노는 분명히 편안한 경험이라 할 수 없다. 또 성이 가라
앉은 후일지라도 성났던 경위가 뇌리에 되살아날 때마다,
전처럼 현저하게 육체적 반응을 드러내지는 않지만 육신
이 안정을 잃고 정신적으로도 안절부절못하게 된다.

성이 나는 것을 표현하여 우리는 '분노가 끓어오른다',
'울화통이 치밀어 견딜 수 없다'는 따위의 말을 쓰는데 이
는 상황을 매우 적절하게 묘사한 말이라 하겠다. 사실 사
람이 어떻게 동시에 성도 내고 행복해지기도 할 수 있겠는
가. 따라서 성을 잘 내는 사람처럼 불쌍한 사람도 없다.
게다가 더욱 고약한 노릇은 성난 사람은 주위 사람들까지
도 온통 언짢게 만들고 만다는 점이다.

이렇게 보면 부처님께서 우리에게 가르쳐 주신 네 가지

의 숭고한 행동양식[四無量心]2 즉 자애[慈], 연민[悲], 더불어 기뻐함[喜], 평온함[捨]을 닦는 일이 얼마나 행복한 삶에 기여하는지 새삼스럽게 느낄 수 있다. 이런 태도를 습관화하여 살고 있는 사람들은 혼자 있을 때나 남들과 같이 지낼 때나 한결같이 행복할 수 있는 유쾌하고도 평화로운 사람들이다.

앞의 경전에서 밝힌 네 가지 즐거움의 중요성을 마음으로부터 충분히 이해하고 실천에 옮길 수만 있다면 요즈음처럼 힘든 시대에서도 우리의 삶은 훨씬 더 즐겁고 행복해질 수 있을 것이다.

---

2 [역주] 〈고요한소리〉 보리수잎 · 다섯 《거룩한 마음가짐》 참조.

굴레와 괴로움의 역학관계

경전에서는 인간을 고苦에 묶여 옴짝달싹 못하는 존재로 거듭거듭 서술하고 있다. 인간의 이러한 가련한 상태를 표현하는 빠알리어도 여럿 있다. 가령 상요자나[samyojana 결박], 반다[bandha 족쇄] 그리고 빠아사[pāsa 덫] 등과 같은 말이 자주 사용된다. 어떤 경전에서는 인간이 윤회의 삶에 묶여있는 모습을 간단한 비유로 설명해주고 있다.

이 비유에 의하면 밧줄의 양끝에 검은 소와 흰 소가 묶여 있다. 이런 상황에서는 검은 소가 흰 소에게 족쇄가 된다거나 흰 소가 검은 소에게 족쇄가 된다고 말할 수 없다. 실제로 이때 족쇄 노릇을 하고 있는 것은 그 두 마리 소를 서로 묶어놓고 있는 밧줄 그 자체이다. 마찬가지로 외부세계가 인간의 족쇄도 아니며 인간이 외부세계에 대해 족쇄가 되는 것도 아니다.

인간을 외부의 대상세계에 묶어놓는 족쇄는 바로 욕망, 즉 쾌락을 추구하는 욕망이다. 욕망은 아주 강한 족쇄로 인간을 외부 대상 세계에 꽁꽁 묶어놓아 끊임없이 생과 사의 쳇바퀴를 맴돌게 한다. 이 강력한 족쇄의 밧줄은 여섯 가닥의 실로 꼬여 있으며 그 여섯 가닥은 눈·귀·코·혀·몸·정신적 기능이라는 여섯 감각기능으로부터 나오는 것이다. 이 가운데 마지막의 감각기능인 정신적 기능을 빠알리어로 마노[mano 意]라고 하는데, 여타 감각기능들을 통합하는 감관으로 간주하고 있다.

감각기능에 해당하는 빠알리어는 인드리야[indriya 根]이며, 이 단어는 우리 인간들의 처지를 여러 모로 시사해 주고 있는 아주 흥미로운 말이다. 인드라Indra는 군림자 또는 왕을 뜻하는데 감각기능을 두고 인드리야라고 부르는 것은 그만큼 그것들이 우리를 지배하고 있기 때문이다. 사실 감각기능들은 우리의 주인이나 왕처럼 행세하고, 우리는 노예나 하인처럼 그것들에 복종한다. 눈은 즐거운 현상을 보고 싶어 하고, 귀는 즐거운 소리를 듣고 싶어 하고, 코는 즐거운 냄새를 맡고 싶어 하고, 혀는 즐거운 맛을 누리려하고, 몸뚱이는 즐거운 감촉대상을 느끼고 싶어 한다.

이처럼 제각각인 여러 감각기능을 조화롭게 일체화시켜야 하는 여섯 번째의 감각기능, 즉 정신적 기능은 자기 고

유의 몫인 희망·기억·상상 따위의 형태로 마음을 교란시
키는 일을 반드시 처리해 내야만 하는 와중에도 눈·귀·
코·혀·몸 등 서로 다른 이질적 감각자극들 때문에 여러
방면으로 이끌려 다니느라 몹시 혼란에 빠지게 된다.

《상응부》(Ⅳ권 198쪽)의 〈육수경六獸經〉은 아주 설득력
있는 비유로 여섯 감각기능의 싸움을 멋지게 설명하고 있
다. 이 비유를 보면 서로 다른 습관과 별도의 활동무대를
가진 여섯 마리의 동물을 튼튼한 밧줄에 묶어 한 매듭으로
옭아 놓았다. 여섯 마리의 동물은 다음과 같다. 물이 있는
데로 도망치려는 악어, 하늘로 날아오르려는 새, 마을로
달려가려는 개, 공동묘지로 도망치려는 여우, 숲 속으로
가려고 버둥대는 원숭이, 개밋둑으로 기어들려는 뱀 등이
다. 이 여섯 마리 동물들이 제 각자의 서식지로 가려고 끊
임없이 싸우고 있는 것이다. 이와 똑같이 여섯 감각기능들
은 끊임없이 각자의 영역에서 만족을 구하려하기 때문에
자신의 감각기능을 제어하지 못하는 사람은 극도로 혼란
에 빠지게 된다.

우리는 감각기능을 통해 감각적 자극에 얽매여 있다. 그

런데 실제로 우리가 즐거운 감각적 자극에 얽매이게 되는 것은 탐욕 때문이다. 우리는 즐거운 대상을 보고 싶어 한다. 그래서 눈을 즐겁게 해주는 대상을 가능한 한 많이 조달하기 위해 막대한 시간과 정력과 돈을 쓴다. 우리는 즐거운 말을 듣기를 좋아한다. 만일 어떤 사람이 한번 우리를 칭찬했다면, 우리는 즐거이 그 말을 종종 회상하게 될 것이며 그 즐거움에 집착하게 될 것이다. 우리는 맛있는 음식을 먹고 싶어 한다. 이것은 대부분의 사람들이 지니고 있는 커다란 약점이다. 너무 잘 먹는 것이 오히려 건강에 해로울 때도 있는데, 그런 때마저도 우리는 혀를 즐겁게 해주려는 욕망 때문에 자신의 소중한 생명에 닥칠 위험을 무릅쓰면서까지 그 음식에 탐닉한다. 우리가 종종 자신의 혀로 목을 베는 지경에까지 이르게 되는 이유도 실은 이와 같은 욕심 때문인 것이다. 성욕을 만족시키려는 인간의 욕망 또한 아주 강해서 심지어 성병에 걸려 몹시 고통 받고 허약해질 그 엄청난 위험마저도 돌아보지 않는다. 에이즈는 현재 서방세계에서 유행하고 있는 끔찍한 질병으로 인간의 생명을 수없이 앗아가고 있는데, 이는 감각적 쾌락에 대한 무절제한 욕망 때문에 치르는 엄한 형벌이자 대가인 것이다. 현대인의 이런 곤경은 예로부터 전통적으로 내려

오는 비유, 즉 맛있는 꿀을 마음껏 즐기려다 꿀통 속에 빠
져 죽어가는 개미의 비유로 잘 설명된다.

우리는 탐욕이라는 족쇄에 묶이는 바로 그만큼 혐오감
이나 증오의 함정에도 빠질 수 있다. 혐오감은 불쾌한 감
각적 자극 때문에 생겨난다. 혐오감이 강해지면 강해질수
록 우리는 불쾌한 대상에 더욱 더 강하게 속박 당하게 된
다. 한 예를 들어보자. 식사를 하기 바로 전이나, 하는 도
중에 어떤 메스꺼운 것을 보았다고 치자. 그것에 대한 혐
오감이 극도에 달해서 심지어는 자기가 가장 좋아하는 음
식조차도 거부하게 될지 모른다. 가령 콩이 들어간 음식에
서 벌레를 한 마리 발견했다면 그것을 보고 생겨난 싫은
마음 때문에 다른 콩을 먹는 것조차 그만두게 될 수도 있
다. 매번 콩 요리를 볼 때마다 불쾌했던 경험을 상기하게
될지도 모른다.

청각 경험에서 또 다른 예를 들어보자. 누군가가 사람들
앞에서 우리를 비난했다면 우리는 그 사람에게 크게 화를
낼 것이다. 그 사건은 마음속에 자주 떠오를 것이고 그때
마다 분노심이 생겨날 것이다. 이처럼 그 모욕적 사건을
거듭해서 되살리고 또 그 생각에다 분노와 증오라는 부정

적 감정을 주입시키면 그것이 바로 족쇄를 만드는 짓이란 것을 알아야 한다.

이처럼 감각기관들을 매개로 생겨나는 탐욕과 증오에 일단 사로잡히게 되면 인간 행동의 자유는 한계선이 그어지면서 제한을 받게 된다. 마치 밧줄에 매인 짐승의 행동 반경이 밧줄의 길이만큼 제한당하는 것처럼 이때 그에게 밧줄을 맨 기둥 노릇을 하는 것은 바로 자신의 이기주의인 바, 우리 모두가 '나' 또는 '자아'라는 관념에 매여 있기 때문이다. 우리의 욕망이나 혐오가 바로 밧줄 노릇을 하고 있다. 자아관념이 강하면 강할수록 우리는 더욱 더 이기적이게 되며, 또 우리가 이기적이 되면 될수록 우리들의 욕망이나 좋다 싫다하는 감정도 더욱 세차게 자라난다. 이렇듯 우리는 점점 더 악순환 속으로 빠져들게 된다.

이제 좀 더 자세하게 그 비유를 살펴보자.

욕망의 밧줄이 강해지면 밧줄 그 자체는 더욱 짧아지고 그와 비례해서 인간 행동의 자유도 더욱 제한된다. 아주 강한 자아관념을 가지고 있는 사람은 너무 단단하고 짧은 밧줄에 묶여 질식하고 있는 동물과 같다. 이 욕망이라는 밧줄의 성질이 그와 같기 때문에 좋다 싫다하는 불선한 감정이 약해지면 밧줄 그 자체도 약해질 뿐 아니라 길게 늘어나서 인간이라는 동물에게 더욱 넓은 행동의 자유를 부여해준다. 불선한 감정이 약해질 때 선한 감정, 즉 사랑과 연민〔慈悲心〕이 생겨나서 인간의 자유 영역을 넓혀주는 것이다. 불교가 우리에게 전하는 가르침을 요약한다면 그것은 인간을 자기중심적 성향, 불선한 부정적 감정, 무지라는 속박으로부터 구출해내어 완전하고도 무한한 자유를 누리게 만들어주는 방법이라고 할 수 있다. 앞서 든 비유로 설명하자면 이는 동물을 묶은 밧줄을 모조리 끊어버리고 기둥도 뿌리째 뽑아내버리는 것과 같다.

경전에서는 감각적 쾌락에 관한 인간의 또 다른 성향에 대해서도 이야기하고 있다. 즉 현재의 쾌락에는 관심이 없고 과거의 쾌락을 못 잊어하는 성향이다. 과거의 감각대상은 이미 변하여 사라져버렸는데도 우리는 그것들에 대한 추억에 매달린 채 심한 괴로움을 겪는다. 감각의 대상을 즐기는 탓으로 우리가 빠지게 되는 또 다른 함정은, 세 가지 형태의 만심〔慢心〕을 일으키는 것이다. 자기가 다른 사람보다 더 많은 몫의 감각적 즐거움을 누리고 있다고 생각할 때 그는 남보다 훨씬 낫다는 우월감〔我勝慢〕에 빠지게 된다. 또 자신이 누리고 있는 쾌락이 남들과 같은 정도라고 생각할 때 우리는 남과 같다고 생각하는 만심[我等慢]에 빠지게 된다. 마지막으로 감각적 쾌락을 즐기는 데 있어서 다른 사람보다 운이 나쁘다고 생각하는 사람들은 열등감[我劣慢]에 빠지게 된다.

이처럼 감각적 쾌락을 척도로 상황을 재기 시작하면 점점 더 자기 본위적일 수밖에 없으며 그 결과로 갖가지 콤플렉스 증세를 맛보게 된다. 그래서 부처님은 감각적 쾌락을 '마아라Māra 惡魔의 덫'이라고 하셨다.

《상응부》경전의 〈육입처상응六入處相應〉 중 한 경에서는 이런 상황을 또 다른 각도에서 설명하고 있다.

감각기능들이 제어되지 못했을 때 마음은 타락하게 되고, 감각대상을 즐기는 데 빠져들게 된다. 이렇게 타락한 마음으로는 우리의 마음을 고양시켜 줄 수행에 따르는 한결 고상한 기쁨, 즉 빠아못자pāmojja를 추구하지 못한다.

이와 같은 정신적 즐거움인 빠아못자가 없을 때 종교적인 희열[喜 pīti]도 없게 되고, 이 종교적인 희열이 없을 때 육체적 정신적 휴식인 경안輕安 passaddhi도 있을 수 없게

된다. 쉴 수 없는 사람은 긴장과 좌절과 불행 속에서 살아
간다. 이것이 빠알리어로 '둑카dukkha', 즉 '괴로움[苦]'이
라고 하는 것이다. 따라서 괴로움은 감각기능들을 제어하
지 못하는 데서 비롯한다.

앞서 인용한 〈육입처상응〉에서는 또 다른 관점에서 이
문제를 생각하여 세계의 기원을 감각적 경험에서 찾고 있
다. 감각기능과 감각대상에 의지하여 감각식이 생겨난다.
이 세 가지의 만남, 즉 감각기능, 감각대상 그리고 식識의
만남을 촉觸이라고 한다. 이 촉을 조건으로 해서 감수 작
용이 생긴다[觸緣受]. 달리 말하면 대상이 즐거운 것일 경
우 우리는 그것과 접촉하는 데서 즐거움을 경험한다. 다시
감수 작용은 욕망을 발생시킨다[受緣愛]. 우리는 즐거운 느
낌을 더욱 더 많이 경험하고 싶어 하기 때문이다.

욕망의 대상을 소유하려고 애쓸 때, 그 욕망은 집착을
낳는다[愛緣取]. 집착은 인격구성 요소[bhava 有]의 성장에
자양분이 된다[取緣有]. 인격구성 요소는 다시 태어남[生]
의 원인이 되고, 일단 태어나게 되면 그 뒤에는 늙음, 죽
음, 슬픔, 비탄 등 온갖 괴로움이 따르게 된다. 이것을 두
고 세계의 생기生起라 한다. 이와 같이 우리는 감각기능의

매개에 의해 자기 자신의 개인적 세계를 짓고 있는 것이다.

  따라서 위에 든 모든 얘기는 결국 우리가 자신의 감각기
관에 지배당한 탓으로 윤회의 함정에 빠져있다는 사실을
밝혀주고 있다. 그러므로 감각기관에 대해 고삐를 느슨하
게 하는 것은 바로 그것들이 우리를 지배하도록 허용해주
는 것이 된다. 허용해 주면 그 정도만큼 굴레와 괴로움도
커질 것이다. 진정으로 자유와 행복을 원한다면 이 감각기
관들을 복속服屬시켜 우리가 부릴 수 있는 하인으로 만들
어야만 한다.

스트레스를 이해하고 다루는 방법

스트레스라는 용어는 원래 공학 분야에서 쓰는 용어를 심리학과 의학 분야에서 빌려 쓰고 있는 말이다. 간단하게 정의를 내리자면 공학에서 말하는 스트레스의 의미는 한 지점에 가해지는 힘 또는 압력을 뜻한다.

현대사회는 우리들에게 참으로 갖가지의 힘을 가해오고 있고, 그 많은 압력을 우리로서는 도저히 감당해낼 수가 없기 때문에 스트레스를 두고 '문명병'이라 부르게 된 것이다. 필립 짐바르도라는 심리학자는 그의 저술 《심리학과 삶》에서 사람이 주변 환경에서 받는 여러 가지 압력에 대해 반응하는 네 가지 단계를 설명하고 있다. 그 네 가지 단계 간에는 상호불가분의 밀접한 관계가 있는데, 굳이 나누어 설명하자면 다음과 같다는 것이다. 감정적인 단계, 행동의 단계, 생리적인 단계, 인지認知의 단계이다.

스트레스에 대한 감정적 반응이란 슬픔, 의기소침, 성냄, 짜증, 좌절감 등이다. 행동으로 보이는 반응이란 제대로 집중하지 못하는 것, 건망증, 대인 관계가 원만하지 못한 것, 생산성이 떨어지는 것 등이다. 생리적 반응이란 주로 신체적 긴장을 말하는데 이것이 발전하면 두통, 요통, 위궤양, 고혈압, 심지어는 목숨을 앗아가는 갖가지 질병이 된다. 인지의 단계에서는 사람들은 자신을 소중하게 생각하는 마음과 자신에 대한 신뢰감을 상실하게 된다. 그 결과로 자기 자신이 아무 쓸모도 없고, 희망도 없다는 우울증에 빠져들어 최악의 경우 자살까지도 하게 된다.

이제 스트레스를 좀 더 깊이 이해하기 위해서 현대인들에게 압력을 가하고 있는 갖가지 환경 요인들을 생각해 보기로 하자. 지금과 같은 원자력 시대에는 種의 존속 자체가 위협을 받고 있다. 핵전쟁은 핵무기보유국에 살고 있느냐 아니냐 하는 것과는 하등의 관계가 없이 지상의 모든 개개인을 위협하고 있다. 폭발적인 인구의 증가는 심각한 식량난을 초래한다. 지금도 인류의 태반이 영양부족 상태에 있으며 많은 사람들이 영양실조와 굶주림으로 죽어가고 있다. 환경오염은 건강을 해치고 정신적 · 육체적 성장을 지체시키는 심각한 위험요인이 되고 있다. 전문 인력의 실업문제도 세계적인 문제로 확산되고 있다. 생활의 진행속도는 점점 더 빨라져가므로 사람들은 휴식도 제대로 취하지 못한 채 하나의 일을 마치고는 곧바로 또 다른 일에 매달려야 하는 형편이다.

노동력을 절감시켜 주는 여러 문명의 이기들을 마음껏 구할 수 있고, 또 전례 없이 널리 사용하고 있는 바로 이 시점에서 위와 같은 상황은 참으로 역설적이라 아니할 수 없다. 교육과 취업을 위한 경쟁은 아주 심각해져서 자살률을 증가시키는 데 큰 몫을 하고 있다. 감각적 쾌락도 너무 탐닉하다보니 이제는 일종의 강박관념처럼 되어 갈증을 풀려고 소금물을 마구 마셔대는 꼴이 되어버렸다. 이제 감각기관은 끊임없이 자극을 가해야 되는 것으로 생각하게 되었다. 이어폰이 달린 소형 라디오와 껌, 화장품 등은 어디서나 살 수가 있다. 이렇듯 감각적 자극은 무절제하게 계속되는데도 자극에 신물을 내게 될 날은 좀처럼 올 것 같아 보이지 않는다. 사정이 하나같이 이런 형편인데 어떻게 사람들이 극도의 혼란과 좌절감에 빠지지 않을 수 있겠으며 그의 생활이 견딜 수 없으리만큼 스트레스로 가득 차지 않을 수 있겠는가. 이런 상태를 불교에서는 '안으로 엉키고 밖으로도 엉키어 사람들은 꼼짝없이 엉킴 속에 말려들고 말았다'고 묘사한다.

이상의 관찰은 오늘날의 상황을 현대 학문의 관점에서
살펴본 것인데 불교에서도 비슷한 관찰을 행하고 있는 바,
그 시각은 일종의 심리학적 견지라고 볼 수 있겠다. 즉 사
람들이 스트레스와 고통을 맛보게 되는 것은 다섯 가지의
심리적 상태 때문이며, 이 다섯 상태는 인간성 전체를 감
쌀 만큼 광범위한 성격의 것이라 한다. 이것을 보통 '다섯
가지의 덮개〔五蓋 pañcanīvaraṇa〕[3]라고 부르는데 이는 다
섯 가지의 장애라는 뜻이다.

이것들은 행복을 훼방 놓을 뿐 아니라 사람의 시야를 가
로막는다. 그래서 사람들은 자기 자신에 대해, 또 외부 여
건에 대해 그리고 이 둘 사이의 상호작용에 대해 올바른
통찰을 못하게 된다. 이 덮개가 두껍고 촘촘하면 촘촘할수

---

3 〔역주〕다섯 가지 덮개〔五蓋〕: 다섯 덮개의 한문 역어와 빠알리어
　는 다음과 같다.
　　1. 감각적 욕망〔貪慾 kāmacchanda〕
　　2. 악의〔瞋恚 vyāpāda〕
　　3. 나태와 나른함〔懈怠 惛沈 thīna-middha〕
　　4. 들뜸과 불안〔掉擧 惡作 또는 掉悔 uddhaccakukkucca〕
　　5. 의심疑心 vicikicchā
　저자는 주로 드러나는 특성에 의해 세 번째와 네 번째 항을 영어
　로 indolence와 worry로 옮기고 있음. 자세한 것은 〈고요한소리〉 법
　륜·아홉《다섯 가지 장애와 그 극복방법》참조

록 더 큰 스트레스와 고통을 맛보게 된다. 반대로 얇고 성기면 성길수록 스트레스와 고통은 줄어들고 행복이 그만큼 늘어난다. 이 다섯 가지의 덮개란 감각적 쾌락에 대한 욕망, 분노, 나태함, 근심 그리고 의심이다.

빠알리 경은 이들 다섯 덮개가 활동하는 모습을 다음과 같이 재미난 비유로 설명하고 있다.

감각적 쾌락에 대한 욕망에 사로잡힌 마음은 착색된 물과 같아서 사물을 실물 그대로 비추지 못한다. 따라서 이런 사람은 자신에 대해서도 남에 대해서도 또 주위 환경에 대해서도 사실적인 시각을 지닐 수 없게 된다. 분노에 짓눌리고 있는 마음은 끓고 있는 물과 같아서 정확한 영상을 비출 수 없다. 분노를 이기지 못하고 있는 사람은 주제를 제대로 판별할 수가 없다. 무기력한 상태에 빠진 나태한 마음은 이끼에 덮인 물에 비유된다. 이끼 때문에 빛이 물에 도달할 수 없기 때문에 형상을 비춘다는 일 자체가 불가능해진다. 이처럼 게으른 사람은 올바로 이해하려는 노력마저도 하지 않는다. 근심하는 마음은 바람이 휘몰아쳐 출렁이는 물결과 같아서 역시 형상을 그대로 비춰낼 수 없다. 근심하고 있는 사람은 언제나 불안정하여 문제가 생기면 제대로 판단하지 못한다. 의심하고 있는 마음은 어두운

곳에 놓인 탁한 물과 같아서 영상을 잘 반영할 수가 없다.

이처럼 그 다섯 가지 덮개는 하나같이 마음으로부터 올바른 이해와 행복을 앗아가며 스트레스와 고통만을 잔뜩 안겨준다.

불교에서는 스트레스를 점차적으로 해소하고 행복과 올바른 이해를 늘려나가는 체계 정연한 행동방침을 제시하고 있다. 이 방침에서 권장하는 행동의 첫걸음은 살생, 도둑질, 간음, 거짓말, 음주를 하지 않는 이른바 오계의 준수이다. 죄를 지으면 스트레스가 크게 강화된다. 따라서 오계를 지키는 것은 자신의 양심을 죄의식으로부터 해방시키는 데 크게 도움이 된다.

《법구경》에서는 이와 같이 말한다.

나쁜 짓을 한 사람은 이생에서도 다음 생에서도 고통을 받는다. 한편 좋은 일을 하는 사람은 이생에서도 다음 생에서도 기쁨을 누린다.(17, 18게)

악은 스트레스를 늘리고 선은 행복을 늘린다고 불교에

서는 굳게 믿는다. 평생 동안 지켜야 하는 오계에 더하여 불교는 재가자에게 대해서만은 정기적으로 팔계4를 지킬 것을 주장한다. 여기서 첨가되는 계목들은 탐욕을 충족시키기보다 필요성을 충족시키는 조촐한 삶을 영위하도록 우리들을 훈련시키는 데 그 목적이 있다. 욕심이 적고〔小欲〕쉽게 만족하는〔知足〕검소한 생활 방식을 불교는 높이 찬양한다. 우리가 그다지도 스트레스를 많이 겪게 되는 것은 다름 아니라 무엇이든 손에 넣고 싶어 하는 탐욕스런 정신상태 탓이다.

행동지침의 두 번째 걸음은 감각기능들을 제어하는 것이다. 만일 감각기능을 제어하지 못하면 우리는 심한 중압감과 긴장을 겪게 된다.

우리는 먼저 감각기능을 제어하지 못하는 상태가 무엇을 의미하는지부터 알아볼 필요가 있다. 어떤 사람이 눈으로 아름다운 대상을 보았을 때 그는 그것에 마음이 끌린

---

4 〔역주〕팔계八戒 : 본문에 열거한 오계에 다음 세 항목을 더한다. 6. 오후에는 먹지 않을 것. 7. 노래와 춤을 하지도 보지도 않으며, 화환으로 장식하거나 지분을 바르지 않을 것. 8. 호사스런 침대를 쓰지 않을 것.

다. 기분 나쁜 대상을 보았을 때에는 거부감을 느낄 것이
다. 이것은 다른 감각기능들에 있어서도 마찬가지이다. 이
렇게 자신의 감각을 제어하지 못하는 사람은 끊임없이 감
각대상들에게 끌리거나 반감을 내거나 하고 있어야만 한
다. 깨어있을 동안은 감각대상들이 감각기관에 끊임없이
부딪쳐 오기 때문에 잠시도 좋아하거나 싫어하는 감정의
흐름 속에서 헤어나지 못하게 되는 것이다. 더욱이 감각자
극이 여러 방향에서 끌어당길 경우 우리는 혼란에 빠져 괴
로울 수밖에 없다.

우리의 감각기능들은 서로 다른 행동 영역과 대상들을
가지고 있고, 또 각자의 영역 안에서는 주인이기 때문에
그리고 그것들은 혼자서도 또 협력해서도 인간을 지배할
수 있기 때문에 주인 또는 지배자를 뜻하는 인드리야
*indriya*라 불리게 되는 것이다. 감각기능에 자신을 내맡긴
채 지배를 당하고 있으면 우리는 심한 혼란을 겪어야 한
다. 반면에 과감한 태도로 자신의 감각기능을 제어하고 나
설 경우에는 '순수무구한 즐거움*avyāsekasukha*'을 맛볼 수
있다. 이 즐거움을 순수무구하다고 하는 까닭은 거기에는
전연 번뇌가 섞여 있지 않기 때문이다. 또 다른 이름으로

는 '고매한 정신적 즐거움*adhicittasukha*'이라고도 부른다.
감각적 쾌락은 스트레스만 늘일 뿐인 데 반해 이와 같은
형태의 정신적 즐거움은 스트레스를 줄이고 마음의 평화
와 만족감을 증대시켜 준다.

스트레스를 다루는 세 번째 걸음은 선정수행*bhāvanā*을
통해서 선善한 정신적 습성을 계발하는 것이다. 우리가 적
절한 음식을 섭취하고 청결을 유지하여 몸을 돌보고 가꾸
는 것과 똑같이 우리의 마음도 적절한 자양분의 섭취와 청
결을 필요로 한다. 길들여지지 않은 상태에서는 마음처럼
변덕스럽고 경박한 것이 없지만 일단 유순해져서 안정만
되면 마음은 커다란 행복을 가져온다. 불교에서는 마음을
길들이는 두 가지 기초적인 선정수행 방법을 가르쳐주고
있다. 이른바 사마타*samatha*와 위빳사나*vipassanā*, 즉 고
요함[止]과 통찰[觀]이다. 사마타란 날뛰기 쉬운 마음을 가
라앉히는 방법이고, 위빳사나란 육체적 정신적 현상의 참
다운 본질을 파악하는 방법이다. 이 두 가지 방법 모두 스
트레스를 극복하는 데 더할 나위 없이 유용하다. 〈사문과
경沙門果經〉5은 다섯 가지 덮개 때문에 생긴 심리적인 스트
레스가 선정 수행을 통해 어떻게 없어지는가를 비유로 설

명하고 있다.

선정을 닦는 사람은 시원하게 벗어나는 느낌을 크게 얻는다. 이처럼 짐을 풀고 놓여나는 것이 어떤 느낌인가를 다섯 가지 적절한 비유로 설명하고 있는데 다음과 같다.

어떤 사람이 사업을 하기 위해 빚을 얻어서 자본금을 모았다. 그리고 사업이 번창하게 되어 그는 빚을 모두 다 갚아버리고 아무런 경제적인 부담없이 나날의 일을 잘 꾸려간다. 이 사람은 크게 시원한 기분을 경험하고 있는 것이다.

두 번째 비유에서는 만성병으로 오랫동안 고통을 심하게 받고 있는 사람을 그리고 있다. 오랜 고생 끝에 드디어 식욕을 되찾고 건강을 회복한다. 이 사람이 경험하는 시원함도 아주 큰 것이다.

세 번째로는 매우 오랫동안 감옥에 갇혀 있던 죄수가 풀려나서 맛보는 시원한 기분을 들고 있다.

네 번째 비유는 노예상태로부터 해방되어 자유를 얻은 노예에 대한 이야기다.

다섯 번째 비유는 먹을 것 하나 없이 황량한 사막에서 길을 잃은 장자에 관한 이야기이다. 마침내 안전한 장소에

---

5 〔역주〕〈사문과경 *Sāmaññaphala Sutta*〉:《장부》2경.

도달하게 되자 그는 커다란 안도감을 경험한다. 다섯 가지 덮개 때문에 생긴 스트레스가 우리의 마음에서 사라지게 될 때, 위에 비유했던 사람들이 느꼈던 시원함과 유사한 커다란 기쁨과 즐거움이 생겨난다. 스트레스를 극복하는 최상의 그리고 가장 효과적인 방법은 선정을 수행하는 것, 즉 정신을 계발하는 일이다. 하지만 선정을 닦으려면 그 준비과정으로서 최소한 다섯 가지 계는 지켜야 한다.

자애, 연민, 더불어 기뻐함, 평온함과 같은 적극적인 심성들을 계발하는 것도 스트레스를 이겨나가는 또 다른 방법이다. 긴장된 대인관계는 가정생활이나 직장에서 흔히 스트레스의 원인이 되고 있다. 자애심[慈]은 적극적인 선한 마음가짐으로 이것을 키우면 모든 대인관계에서 자신이나 남에게나 두루 이익이 된다. 연민[悲]은 괴로움에 빠져있는 사람들을 살피고 도와줄 때 반드시 지녀야 할 마음가짐이다. 더불어 기뻐함[喜]은 다른 사람의 즐거움을 기꺼워할 수 있는 아량이다. 천박한 성품의 사람이 이런 태도를 취하기는 쉽지 않다. 그런 사람들은 남의 기쁨에 질투심을 품는 게 고작이다. 질투가 있는 곳에 화합은 없다. 화합이 없는 곳에 발전도 있을 수 없다. 따라서 위와 같은 긍정적인 심성들을 길러나가면 물질적, 정신적 발전을 다 같이 기약할 수 있다.

평온함[捨]은 무상하기 짝이 없는 삶의 부침浮沈에 부닥 뜨리면서 견지해야 할 태도이다. 우리가 살아가노라면 자연히 부딪칠 수밖에 없는 여덟 가지 일들이 있다. 이익과 손해, 명성을 얻고 잃는 것, 칭찬과 비난, 행복과 슬픔이다. 우리가 이러한 인생의 부침에 부닥뜨렸을 때 우쭐해지거나 의기소침해지는 일없이 평온한 마음가짐을 유지할 수 있도록 자신을 길들인다면, 많은 스트레스를 피해서 평화와 만족을 느끼며 조촐한 삶을 살아갈 수 있게 된다.

아무리 세상을 바꾸어보아도 거기서 참 행복은 얻어지지 않는다. 대신 우리가 세상에 대한 태도를 바꿀 수 있으며, 그렇게 함으로써 주변에서 벌어지고 있는 일들이 주는 스트레스로부터 영향을 받지 않고 지낼 수 있게 된다. 불교는 이와 같이 우리의 태도를 정신적으로도 육체적으로도 건강하게 바꾸는 길을 가르쳐준다.

이익과 명예를 대하는 불교의 태도

명예를 기릴 가치가 있다고 사회로부터 인정받는 사람에게 명예를 수여하는 방식은 요즘 세상에 얼마든지 풍성하게 널려 있다. 노벨상은 그 중에서도 가장 유명한 것 중 하나일 것이고, 그 밖에도 각종 상이나 경칭敬稱들이 해마다 또는 수시로 저명인사들에게 수여되고 있다. 학계에서도 축하 출판물이나 기념집의 출간, 명예학위의 수여 등 여러 가지 방식으로 학문적 업적을 기려주고 있다. 사회 전반에 걸쳐 대체로 우리는 감사와 경의를 공개적으로 과시하기 위하여 온갖 방안을 강구하느라 편할 날이 없을 지경이다. 그러다 보니 어떤 때는 드러내놓고 자만심을 부추기는 방법을 쓰게 되기도 한다.

이처럼 감사와 존경을 공개적으로 과시하는 것이 우리 사회에서 중요한 관례가 되어버려 온갖 대중매체, 즉 신문, 라디오, 텔레비전 등을 통해 널리 공개되고 있는 형편이므로 이 공개적 기림을 표시하고 또 받아들이는 자세에 대한 불교의 견해를 잠시 살펴보는 것도 시의적절한 일일 것이다.

빠알리 경에서는 명예, 칭송 그리고 존경을 표시하는 말로 라아바[*lābha* 이득, 얻음], 삭까아라[*sakkāra* 존숭, 공경], 실로까[*siloka* 명성], 뿌우자[*pūjā* 공양], 완다나[*vandanā* 절, 예배] 같은 용어들을 다양하게 쓰고 있다

불교에서는 명예를 받아 마땅한지 여부를 따지는 기준으로서 윤리적 및 정신적 자질 여부를 먼저 문제 삼는다. 붓다, 벽지불, 아라한 그리고 전륜성왕 등이 명예와 존경을 받을 가치가 있는 최상의 인물로 평가받는다. 명예를 지녀 마땅한 분들을 명예롭게 받드는 일을 〈대길상경大吉祥經〉(《숫따니빠아따》 Ⅱ 4경)에서는 크게 복 짓는 일로 꼽고 있다. 《법구경》(106, 107게)에서는 깨달은 성인에게 존경심을 내는 것이 백 년 동안 제사를 지내는 것보다 더 낫다고 하였다. 또 다른 게송에서는 존경받아 마땅한 분을 존경하는 사람의 공덕은 헤아릴 수가 없다고 하였다.《법구경》(195, 196게)

가정에서는 부모가 대단히 존경받고 칭송받는다. 그분들은 평생 동안 자녀들을 위해 많은 애를 썼기 때문에 자녀들로부터 감사와 존경과 시중을 받아 당연한 것이다. 남

편과 아내 사이에도 서로 예우하고 존경해야 한다. 부모의
이런 훌륭한 성품은 이상적으로 자식을 키울 수 있도록 행
복한 가정을 엮어 결합하는 구실을 한다. 〈짱끼경〉(《중부》
Ⅱ권 167쪽)에서 주장하고 있는 것과 같이 손님들을 반기
고 모시는 것도 또한 바람직한 오래된 전통이다. 연장자들
을 존경하는 것도 〈자고새의 전생담〉(《본생경》Ⅰ권 218쪽)
의 우화가 그려내듯이 높이 칭송할 만한 일이다.

　이상으로 우리가 명예와 존경을 기리기에 마땅한 몇 가
지 주요 기준으로서 고귀한 정신적 자질, 부모, 연장자의
위치가 인정된 셈이다.

　이제 우리는 이익과 명예를 받는 편의 사람들이 취해야
할 태도 쪽으로 관심을 돌려보자. 이에 대해서도 부처님이
주신 가르침을 경에서 찾아볼 수 있다. 부처님의 직계제자
는 승려들인데다 또 종교적 위치 때문에 일상적으로 재가
자로부터 공양물과 명예를 받지 않을 수 없는 처지에 있는
만큼 부처님이 이 주제에 대하여 하신 말씀은 어디까지나
승려들을 염두에 두고 그들의 관심사에 대한 내용일 것이
당연하다. 더욱이 승려들은 해탈을 추구하는 데 전심전력
을 기울이고 있는 만큼 부처님의 충고 말씀은 자연히 그들

의 이러한 처지를 염두에 두고 행해졌을 것이다. 그러나
비록 처지의 차이는 분명하지만 재가신자들도 승려들에게
준 부처님의 조언을 자신들의 지침으로 삼아 이익과 명예
를 대하는 태도를 결정할 수도 있을 것이다.

빠알리 경전에서는 다음 세 가지 태도 중에서 하나를 선
택하는 것이 가능할 것으로 보고 있다.

첫째, 자신이 얻은 명성을 열렬히 맛보고 즐기며 나아가
적극적으로 찾는 태도.

둘째, 자신에게 주어지는 명예를 거부하고 돌아보지 않
는 태도.

셋째, 그러한 명예에 대해 무관심하여 초연한 자세를 견
지하는 태도.

이제 위의 세 가지 태도를 하나씩 살펴보기로 하자.

첫째 - 열렬히 구하는 태도

〈고갱이비유대경〔心材喩大經〕〉《《중부》 I 권 192쪽)에서는 이
익과 명예를 달가워하는 태도에 대해 비유를 들어 설명하

고 있다. 승단에 들어온 비구가 자신이 받고 있는 이익과 명성을 즐기고 그것에 만족하고 있다면, 그는 마치 대들보 감을 찾으면서 큰 나무에서 가지치기한 잔가지로 만족하고 있는 사람과 같다. 그가 찾던 것은 들보감인데 그가 만족하고 있는 것은 단지 가느다란 어린 가지와 잎일 뿐이다. 데와닷따(《본생경》 I권 186쪽) 같은 사람이야말로 이익과 명성 때문에 완전히 파멸해버린 대표적인 예이다. 그는 신통력을 익혀서는 이것을 재가신도들에게 자신의 정신적 발전을 입증하는 수단으로 삼았다. 그때에 재가신자 중에 가장 영향력이 있으면서 데와닷따에게 빠진 이가 아자따사뚜 왕자였다. 데와닷따는 초인간적인 신통력을 보란 듯이 과시해서 많은 이익과 명성을 얻게 되었다. 그러자 더욱더 어리석음에 눈이 가려서 부처님을 시해하고 부처님의 지위를 찬탈하려고 마음을 먹게 되었다. 그리하여 그는 아자따사뚜를 꾀어 그의 부왕을 죽이고 왕위를 찬탈하도록 종용하였다. 부처님은 후에 데와닷따가 그토록 처절히 파멸하고 몰락하게 된 것은 그가 너무 가진 것이 많고 지나친 명성을 지녔던 탓이라면서 이는 마치 파초가 열매를 맺은 탓에 침해당해 망가지는 격이라고 말씀하셨다. 《상응부》(II권 241쪽)

《법구경》(75게)은 단언한다.

명리의 길 따로요, 열반의 길 따로이다. 이 점을 분명히 알고 비구는 명리에서 즐거움을 취하지 말아야 한다.

《밀린다왕문경*Milindapañhā*》(377쪽)에 의하면, 항해 중인 배가 강한 파도와 천둥, 소용돌이 등을 잘 견뎌내야만 하는 것과 같이 수행승도 이익과 명성, 명예, 존경 등의 지나친 영향력을 잘 이겨내야만 한다. 만약 수행승이 이런 것들에 맛 들여 들뜬 자만에 젖게 되면 난파된 배처럼 기우뚱거리다가 가라앉고 말 것이다. 《밀린다왕문경》은 또 다른 비유로 역시 배를 들고 있다. 닻은 아주 깊은 물에서도 배가 떠내려가지 않게 단단하게 고정시켜 준다. 이와 마찬가지로 수행승도 자신의 미덕에 힘입어 들어오는 이익과 명성에 표류하지 않도록 강인한 기개로써 자신의 목표에 닻을 내리고 버텨내야 한다. 덕 있는 수행자를 존경하고 존중하며 그들에게 필수품을 제공하는 것은 재가신자들의 의무이다. 이에 대해 우쭐거리지 않고 건전하게 균형 잡힌 태도를 유지하는 것은 수행자 쪽의 책임이다.

불교에서는 정신적 발전이 아직 얕은 사람이 이익과 명

예의 유혹을 이겨내기란 결코 쉬운 일이 아니라고 본다. (《장로게》1053게) 명리의 영광을 누리고 탐닉하게 되면 정신의 부패라는 큰 위험이 따른다. 들뜬 자만심이 자라나서 부지불식간에 우쭐대는 버릇이 몸에 붙게 마련이다. 그런 사람은 남들에 대해서도 만약 그 사람의 명예가 신통치 않을 때는 경멸하는 습성을 기르게 된다. 〈명리상응名利相應〉(《상응부》Ⅱ권 17장)에서는 이런 사람을 똥 묻은 말똥풍뎅이가 다른 말똥풍뎅이를 보고 똥이 덜 묻었다고 경멸한다는 비유로써 풍자하고 있다. 〈무예경無穢經〉(《중부》Ⅰ권 29-30쪽)에 보면 대중에게서 인기와 보시를 얻으려고 계행을 잘 지키고 힘든 고행도 마다하지 않는 한 승려에 대해 역겨운 혐오감을 드러내고 있다.

이런 수행자는 잘 닦아 윤이 나는 새 금속 발우에 뱀이나 개의 시체를 담아두는 사람으로 비유된다. 청정한 삶이라는 발우에 어찌 그러한 부정한 뜻을 담을 수 있겠는가.

승려들은 명리에서 즐거움을 찾지 않도록 가장 준엄한 가르침을 받고 있다. 〈명리상응〉은 이 점을 확실히 하기 위해 일련의 매우 자세한 비유를 들고 있다.(《상응부》Ⅱ권 226-227쪽) 나이든 거북의 충고를 무시한 젊은 거북이는

작살에 명중 당한다. 이 작살에는 줄이 달려있으니 거북이
가 포수 손에 잡히는 것은 시간문제이다. 여기서 포수는
다름 아닌 마아라[魔王]이다. 작살은 이득, 명예, 명성이
다. 작살에 달린 줄은 명리에 대한 승려의 집착이다.

또 다른 경에 명리를 미끼로 비유하여 게걸스런 승려가
이를 꿀꺽 삼키고는 포획자 마아라의 손에서 철저하게 파
멸당하는 것이 그려져 있다.

둘째 - 거부하는 태도

자, 이제 명리를 거부하는 수행승의 태도 쪽으로 시선을
돌려보자. 마하가섭은 명리를 피했던 대표적인 수행자였
다. 그는 가난한 사람들에게서만 탁발을 하였으며 그렇게
함으로써 그들이 공덕을 쌓게끔 도와주는 일에서 기쁨을
누렸다. 한번은 천신들이 그에게 좋은 음식을 올리려고 그
렇게 애를 쓰는데도 이를 마다하고 굳이 가난에 찌든 직공
들이 살고 있는 지역에서 탁발을 하고 있는 것을 부처님께
서 보셨다. 그때 부처님은 마하가섭의 속 깊은 검소한 생
활을 칭찬하는 말씀을 하셨다.《우다나》(11쪽)

한때, 찟따라고 하는 유명한 재가신자는 큰 법회에서 이
시닷따라는 스님이 난해한 교리를 잘 설명해 주는 것을 듣
고 감명을 받았다. 찟따 장자는 이시닷따 스님에게 자기가
사는 지역에 머물도록 청하면서 모든 필요한 것을 제공하
겠노라고 약속을 했다. 이시닷따 스님은 기회를 엿보아 찟
따 장자에게 알리지 않고 조용히 그곳을 떠났다.《상응부》
(Ⅳ권 286~288쪽)

명리의 해로운 본질을 이해하고 있는 사람들이 취하는
용의주도하면서도 과묵한 처신이 실로 이와 같았다.

셋째 - 초연한 태도

일반적으로 부처님과 아라한은 이익과 명성을 피하려고
하지 않는다. 그분들은 이익과 명성을 마치 손실과 비난을
대하는 때와 마찬가지로 평온한 마음으로 대한다. 〈마하고
빈다경〉(《장부》Ⅱ권 223쪽)에서는 신들이 명리를 대하는
부처님의 태도 때문에 환희에 찬다는 내용이 있다. 부처님
은 제왕들이 받고 싶어 할 정도의 이익과 명성을 누렸지만
의기양양하기는커녕 그런 흔적조차 없으며 오직 기본적인

것만을 지니고 살아가셨다. 신들은 그렇게 그릇이 큰 스승은 일찍이 없었다고 선언하였다.

연꽃은 흙탕물 속에서 피어나지만 흙탕에 더럽혀지지 않은 채로 물위로 피어난다. 마찬가지로 부처님과 아라한은 가문의 명성, 이익, 명예 그리고 존경 등과 같은 세속적 조건에 의해 때가 묻지 않고 그 위로 피어난다.《밀린다왕문경》(375쪽)

> 이 비할 데가 없는 분들은 신들과 인간에 의해 존경받는다. 하지만 그분들은 명예에 흥미가 없다. 이것이 모든 부처님〔諸佛〕의 법이다. 《밀린다왕문경》 (95쪽)

세상 사람들은 이익과 손실 때문에 우쭐대다가 낙담했다가 하는 데 반해 진정한 수행승은 어떤 경우에도 평온한 태도를 잃지 않는다고 여신도 쭐라수밧다는 말하고 있다.

이익과 명성에 짓눌린 사람들과, 이익과 명성이 없어서 마음이 찌들어 있는 사람들이 모두 육신이 무너질 때 비참한 존재로 태어난다는 사실을 부처님은 친히 알고, 보고, 이해하고 있다고 말씀하셨다.(《여시어경》 74쪽) 인정認定

과 명성을 바라는 욕망은 매우 교묘한 것이며 평상시에는
아주 꼿꼿하던 사람도 그 앞에서는 굴복하고 마는 수도 있
다. 은이나 금, 아름다운 왕비, 부모 자식, 심지어 자신의
목숨을 위해서도 거짓말을 않던 사람들이 명예를 얻고 위
신을 차리기 위해서는 창피를 무릅쓰고 거짓말을 하게 되
는 것을 부처님은 타심통으로 보셨노라고 말씀하셨다. 그
만큼 명리의 덫은 악독하기가 치명적이다.(《상응부》 II권
234, 243쪽) 최고의 수행경지인 부동不動의 심해탈心解脫
(《상응부》 II권 239쪽)을 이룬 아라한들을 제외하고는 그
아래의 어떤 단계에 이른 성자들도 이 면에서만은 안심할
수 없다고 한다. 이득과 명예가 바로 마아라의 군대의 강
력한 구성원이라는 사실은 조금도 이상할 것이 없다.(《숫
따니빠따》 438, 439게) 이것은 축복으로 가장해서 다가오는
재앙임을 정신적 발전을 소중히 여기는 사람들은 모두 알
아차려야 한다.

올바른 생계수단과 산업발전

바른 생계〔正命 sammāājīva〕는 팔정도의 다섯 번째 항목이다. 생계수단을 무엇으로 하느냐는 승려나 재가자를 막론하고 모든 사람에게 중대한 문제이므로 올바른 생계에 대한 정확한 이해는 아주 중요하다. 승려로서는 더욱 더 향상된 삶을 향해 자신을 완전히 바치는 것이 올바른 생계를 이루는 것이다. 그럴 때 비로소 승려는 대중의 후은을 입을 수 있는 정당한 자격을 갖추게 되는 것이다. 그러나 이 글에서는 재가자의 올바른 생계가 어떤 의미를 가지고 있는지의 문제만을 다루고자 한다.

'바른 생계'란 그릇된 생계수단을 피하지 않으면 안 된다는 뜻을 내포한 말이다. 빠알리어로 밋챠 아지와〔micchā ājīva 邪命〕라고 하는 '그릇된 생계'란 사람이든 동물이든 일체의 타 존재를 직접 혹은 간접으로 해치는 거래관계를 모두 포함하는 바, 예를 들어 육류, 주류, 독극물, 무기 그리고 노예의 거래 따위가 거기에 포함된다.

이런 거래는 재가불자가 모름지기 지켜야 할 오계에 반하기 때문이다. 요즘 세상에서는 어쩌면 노예 거래만을 제외한 위의 모든 거래가 번창한 산업이며 정부의 세입 중 막대한 금액이 이들 산업으로부터 걷어지고 있다. 이것만 봐도 오늘날 세계에서 그릇된 생계가 어느 만큼이나 판을 치고 있는지 알 수 있다.

또 생계수단 자체는 떳떳하다 할지라도 이를 과도한 욕심이나 부정직한 마음으로 영위할 경우 역시 비난받아 마땅한 생계수단이 된다. 가령 의사가 부당하게 환자들로부터 거액의 돈을 벌어들인다면 비록 의술 그 자체는 훌륭한 직업이지만 이 의사는 그릇된 생계를 영위하고 있는 것이다. 야채 장수가 무게와 양을 속여 팔 경우에도 마찬가지로 그릇된 생계의 잘못을 저지르고 있는 것이다. 공공의 이익에 저촉됨이 없이, 정직하게 양심적으로 사회를 위해 진력하는 것이야말로 올바른 생계 본연의 모습이라 할 것이다.

불교에서는 욕심이 적은 것[appicchatā 小欲]과 적은 것으로 만족할 줄 아는 것[santuṭṭhi 知足]을 큰 덕성으로 찬양한다.

이 두 가지 덕성은 비단 소비자의 입장에서뿐만 아니라 생산적 측면에서도 역시 실천하지 않으면 안 될 덕목이다. 하지만 작금의 세태에서 이 두 가지 덕성은 그 어느 측면에서도 찾아볼 수 없게 되고 말았다. 그런 결과 민간분야뿐만 아니라 각국의 정부마저도 확대 일변도의 개발 정책만을 추구하고 있다. 하지만, 이런 개발에는 한계가 없다. 목표가 달성되는 순간 정했던 목표량은 신기루 마냥 뒤로 물러서 버린다. 생산량이 늘어나면 늘어날수록 소비량도 늘어난다. 아무리 발전해도 물리는 법이 없고 아무리 소비해도 신물 내는 법이 없다. 한정된 지구상에 자원 역시 한정되어 있음에도 무한한 경주가 펼쳐지고 있는 꼴이다. 따라서 인류는 오늘날 알고 있는 식의 발전이라는 개념은 영속될 수 없다는 사실을 깨달아야만 한다. 그런 식의 발전은 논리적으로도 실제적으로도 불가능한 일인 것이다.

자연은 이와 같은 확대일변도의 성장과정에 대하여 나름대로 한계선을 설정하고 있다. 성장에는 생물학적, 심리학적, 사회적 및 생태학적 한계가 있는 것으로 보인다. 인간의 체질부터가 이와 같은 무한정한 성장을 거부하고 있다. 오늘날 과잉소비 및 과잉탐닉과 관련 있는 무서운 병들이, 그 앞에서 인간은 도대체 맥도 못 추는 그런 병들이 우리 앞길을 가로막고 도열하고 있다.

그뿐만이 아니다. 인간의 육신과 마음 양면을 다 괴롭히는 스트레스와 관련된 질병들이 또 있다. 오늘날 이루어놓은 발전에 대해서 인간은 참을성이라는 대가를 엄청나게 지불하지 않으면 안 되며 동시에 현대인은 일과 경쟁에서 낙오되지 않으려고, 현 생활수준을 유지하려고, 너무나 많은 압력을 받고 있기에 심리적 폐인이 되어가고 있다. 인간 상호간의 관계도 표면적이고 잘 깨어지고 까다로워져가고 있는 바, 이것은 사회전체가 물질적 발전의 무게를 감내해 내지 못하는 신호라고 봐야 할 것이다. 외부환경면에서도 마찬가지로 인간이 행동방향을 바꾸지 않는 한, 큰 재난이 임박했음을 알리는 분명한 전조들이 나타나고 있다. 어디에나 대기, 수질, 토양이 오염되어가고 있고 이러한 공해는 인간의 생명뿐만 아니라 이 행성에 사는 온갖형태의 생명체에 대해 극도로 유해한 것이다. 이런 현상들은 바로 오늘날까지 인간이 선택해온 생산 및 소비의 방식과 수준에 대하여 자연이 그 자체의 표현방식을 통해서 강하게 거부하고 있다는 표시인 것이다.

농업은 불교에서도 훌륭한 생계수단으로 인정한다. 그런데 과연 어떤 일이 그 분야에서 벌어지고 있는가. 인구 팽창의 압력에 떠밀리고 과학지식이 제공하는 확장 일로의 전망에 부풀어 사람들은 전통적인 토지 경작법을 버리고 기계화된 산업영농방식을 취했다. 광대한 땅을 기계로 갈아엎고 화학비료를 마음껏 뿌리고 제초제, 방충제, 살충제를 함부로 쓰고 그래서 많은 수확을 거두어들인다. 그래도 부족해서 더 많은 수익을 약속할 개량종자를 개발코자 농업공학 분야에서는 날로 더 치열한 연구가 진행되고 있다. 그렇게 해서 생산량이 늘어나도 농산물의 가격은 언제나 높은 수준에 머물고만 있다. 어떤 나라에선 과잉생산 때문에 농산물 가격이 내려갈 기미라도 보이면, 곡식을 교묘한 방법으로 못쓰게 만들거나 바다에 쓸어 넣어버리기까지 한다. 지금 이 지구상에는 수없이 많은 사람들이 영양실조 상태에 있고 그 중 일부는 실제로 굶어 죽어나가고 있는 실정인데도 말이다.

이와 같이 산업영농정책이 바른 궤도를 벗어나 탐욕에 의해 촉진되고 있다는 것은 명약관화한 사실이며 올바른 생계와는 거리가 멀어도 한참 멀다고 아니할 수 없다.

불교의 관점에서 볼 때 이 모든 체제는 잘못된 것이다. 그것은 한편 도덕적, 인간적 가치를 침식하는 결과를 초래했다. 살충제의 대량살포에서 보듯이 이 체제는 인간으로부터 동료 유정물有情物들에 대한 동정심을 박탈해 버렸다.

경제적 이익만이 사람들을 움직이는 유일한 기준이 되어버린 것 같다. 단기적인 경제 이익에 눈먼 나머지 인간은 자신이 이 지구라는 행성에 가하고 있는 침략적 정책이 가져올 장기적 영향에 대해서는 장님이 되어버린 것 같다. 탐욕스럽고 공격적인 산업화의 결과로 범죄율이 전례 없이 높은 수준에 이르게 되었으며 이것은 인간의 도덕적 타락을 나타내는 명백한 지표이다.

다른 한편으로는 지구 본래의 생태학적 균형이 놀라울 정도로 무너져버려 경종을 울리고 있다. 토양과 수질의 화학적 오염은 박테리아, 곤충, 물고기 등에 이미 심각한 타격이 되고 있다. 이처럼 인류에게 이로운 생물들이 이미 죽었거나 지금 죽어가고 있는 반면에 유독인간에게 해로운 벌레들만은 살충제에 대한 저항력이 날로 강해져가고 있다. 더 효율적인 화학약품이 생산되어 나올수록 이들 독충들의 면역성도 그만큼 더 강해지며 이런 악순환이 계속되고 있지만 이렇다 할 해결책은 눈에 띄질 않고 있다. 해

를 거듭해서 화학비료를 점점 과다 사용함으로써 토양 본
래의 비옥함과 유기적 조화 역시 감소되고 있으며, 여기에
서도 하나의 악순환 과정이 이루어지고 있다.

이 모든 증거로 미루어 볼 때 인간에게는 결단코 자연을
지배 복속시킬 능력이 없다. 긴 안목으로 볼 때 결국 자연
이 승리자일 것이고 인간은 패배자가 될 것이다. 그러니
인간은 자연과 협력하는 방법을 배워나가야 할 것이다. 여
기서 우리는 다음과 같은 부처님의 가르침을 상기하게 된
다. 즉 재산을 모을 때 인간은 꿀벌이 꽃가루를 채집하듯
자연을 이용하라는 말씀이다. 꿀벌이 꽃의 아름다움이나
향기를 다치는 일이 없듯이, 사람도 자연의 풍요로움이나
아름다움을 오염시켜서도 안 되며 자연에게서 회복력과
활력소를 빼앗아도 안 되는 것이다. 이것이 바로 자연자원
을 활용하면서 올바르게 생계를 꾸려나가는 참모습인 것
이다.

하늘 높은 줄 모르고 한계선을 무작정 끌어올리기만 하
는 현대의 발전개념은 불교의 가치관과는 분명 정반대라
는 점을 거듭 강조해 두어야겠다. 불교에서는 한계선을 다

른 쪽에다 설정한다. 즉 우리는 탐욕을 충족시킬 것이 아
니라 필요한 만큼만 취해야 한다고 역설한다. 사람은 음
식, 의복, 비바람을 피할 장소, 약품 같은 기본적 편의품을
필요로 한다. 일자리를 마련해주어 보통 사람들이 이러한
편의를 어느 정도 만족스럽게 누릴 수 있도록 해 주는 것
은 통치자들이 책임져야 할 일이다. 그러나 사람들은 흔히
탐욕스러워지는 경향이 있으므로 불교에서는 욕심을 적게
갖는 것[小欲]이 얼마나 가치 있는가를 역설하는 것이다.
만족할 줄 아는 것[知足]역시 불교에서 높이 평가하는 덕목
이다.

　그렇다고 이러한 덕목 때문에 사람들이 의욕을 상실하
여 사회 발전을 정체시키게 되는 일은 일어나지 않는다.
이것은 조금만 유의해서 살펴보면 곧 알 수 있다. 불교는
재가자들에게 근면하고 자신이 선택한 떳떳한 직업에서
누구보다도 앞장서 나아갈 것을 장려한다. 끈기 하나로 이
마에 땀 흘려 번 재산을 잘 모은 정당한 재산이라 하여 높
이 찬양한다. 뿐만 아니라 사업을 발전시키기 위해서 번
돈의 절반을 재투자해야 한다고 권고하기까지 한다.

　또 불교는 재가자들에게 힘겹게 번 돈을 저축해서 분수
에 맞는 안락한 생활을 누릴 것과 그럼으로써 인색과 사치

또는 과도한 탐닉의 양극단을 피할 것을 권고한다. 이처럼 한쪽의 소욕과 지족, 다른 쪽의 근면과 저축 습성, 이 둘 사이의 긴장이 거들어주어야만 사회는 실제적으로 안락한 수준의 발전을 장기간 지속시켜 나갈 수 있게 된다. 이상과 같은 경제 사상들에 다시 불교가 가르치는 제반 도덕적 가치들이 합세할 때 비로소 조화로운 인간관계에 기초한 건전한 사회를 기약할 수 있을 것이다.

대규모 기업과 대규모 공장이라는 현대적 관념 역시 불교의 올바른 생계수단과 합치하지 않는다. 이들 거대 산업과 노동의 기계화는 극히 소수만을 극도로 부유하게 만들고 수백만의 가용 노동력을 실업상태로 몰아내었다. 그 결과 부는 극소수의 공장주와 실업가에게 집중되었고 수백만의 대중은 입에 풀칠하기도 빠듯할 지경에 빠져버렸다. 불교에서는 잘못된 부의 배분은 범죄와 혁명을 촉발시키는 사회악으로 간주한다. 더욱이 기계문명이 발달하면서 인간의 창의력마저 앗아가 버려 극도의 좌절감만 남겨 놓았다. 이것이 오늘날 젊은이들이 손쉬운 탈출구를 찾아 마약에 손을 대는 이유 중 하나일 것이다.

'올바른 생계'라는 개념이 제대로 받아들여지려면 경제의 주된 관심이 생산으로 얻어지는 '이익'보다는 생산자나 소비자인 '사람'쪽으로 바뀌어야만 한다. 생산자의 재능과 솜씨는 생산과정을 통해 더욱 숙달될 수 있어야 하며 자기가 생산한 상품에서 만족감을 누릴 수 있어야 한다. 고용주나 중간 상인이 아니라 생산자가 마땅히 자신의 노동에 상응하고 또 자신에 걸맞는 생활을 누리기에 충분한 보수를 받을 수 있어야 한다. 한편 소비자는 자신이 지불하는 돈에 합당한 품질과 양을 얻을 수 있어야 한다. 이러한 이념과는 정반대로 오늘날에는 고용주가 얻는 이윤이 주된 관심사가 되고 있으며 생산자나 소비자는 둘 다 이윤동기를 방조하는 부차적 존재로 밀려나버렸다. 따라서 올바른 생계를 위해서는 인간의 창조적 본능을 충족시키고 훨씬 더 많은 사람들의 기본적 필수품을 충족시키며 또한 사회적으로 균등한 부의 분배를 보증해주는 소규모 산업을 택하지 않을 수 없다. 한 개의 최신 설비로 기계화된 구두 공장보다는 수많은 숙련된 구두 제조 및 수선공을 갖는 편이 더 낫다.

올바른 생계 방법은 성스러운 팔정도의 한 항목이자 연

계를 이루는 한 부분이므로 이것을 바르게 실천하면 탐·
진·치 삼독심의 멸절에 이를 수 있다.《상응부》(V권 5쪽)

갠지스 강이 동쪽으로 향해 흐르듯이 팔정도를 실천하
는 사람은 열반을 향하게 된다. 따라서 올바른 생계에 대
한 정확한 이해는 정신적 행복을 구하여 힘쓰고 있는 모든
재가불자들이 반드시 지녀야 할 기본인 것이다.

죽음을 두려움 없이 대하려면

　인생에 있어서 유일하게 확실한 것이 있다면, 그것은 바로 죽음이다. 또 우리가 가장 준비 없이 맞는 것도 역시 죽음이다. 사실 우리는 죽음만 제외하고는 별의별 것을 다 계획하고 준비한다. 시험, 결혼, 사업 활동, 집짓기 등. 하지만 그런 계획들이 뜻대로 현실화된다는 보장은 아무 데도 없다. 반면 죽음은 어느 때고 조만간에 반드시 온다. 죽음이야말로 인생에 있어서 가장 확실한 사건이다. 버섯이 땅 밑에서 솟아날 때 갓 위에 흙을 조금 얹고 있어 그 돌아갈 곳을 말해주듯이, 모든 생명체도 태어나는 그 순간부터 죽음의 필연성을 항상 드리우고 있다.

　《증지부》(IV권 136쪽)에서는 몇 가지 비유를 들어서 생명이 얼마나 불확실한 것이며 덧없이 사라져가는 것인가를 설명하고 있다. 거기서는 생명을 칼날같이 가는 풀잎 끝에 매달려 있는 이슬방울에 비유한다. 그 이슬방울은 언제라도 떨어질 수 있으며 설령 떨어지지 않는다 하더라도 해가 뜨는 즉시 증발하고 말 것이다. 또한 생명은 떨어지는 빗방울이 만든 물거품과 같이 또 물 위에 그어놓은 선과 같이 눈 깜짝할 사이에 사라져버리는 것으로 비유되고 있다. 이 경은 생명이 죽음을 향해 그칠 새 없이 내닫는 모습이 마치 산골 여울물이 쉬지 않고 아래로 흘러가는 형상과 같다고 지적한다.

《법구경》에서는 부서지기 쉬운 이 육신을 물거품에(46게) 그리고 진흙으로 빚은 물 항아리에(40게) 비유한다. 이처럼 불교 경전에서는 갖가지 비유를 들어 생명의 불확실성과 죽음의 확실성을 거듭거듭 강조하고 있다.

모든 사람이 죽음을 두려워 한다는 것은 누구나 다 아는 사실이다.《법구경》(129게)[6] 우리가 죽음을 겁내는 것은 우리가 온 힘을 다해서 삶을 갈망하고 있기 때문이다. 또 우리는 알지 못하는 일에 대해서는 두려움을 품는 것도 사실이다. 죽음에 대한 우리의 지식은 거의 백지상태나 다를 바 없으므로 우리가 죽음을 두려워하는 것은 위에 든 두 가지 이유에서 비롯된다고 볼 수 있다.

모든 공포의 밑바닥에는 이와 같은 죽음에 대한 공포,

----

6 〔역주〕 *"sabbe bhāyanti maccuno."*

다시 말해서 생명을 해칠까봐 두려워하는 공포가 도사리
고 있음을 추측할 수 있다. 그래서 우리는 놀라게 되면 그
때마다 그 공포의 진원으로부터 도망치거나, 아니면 그것
과 맞서 싸우면서 생명을 보존하려는 갖은 노력을 기울이
게 되는 것이다. 하지만 그 공포와 싸우거나 도망치거나
간에 이것은 우리 몸에 그런 기력이 있을 때의 얘기다. 드
디어 다가오는 죽음을 맞아들이지 않으면 안 되는 임종의
자리에 처하여, 몸이 그 어떤 항거도 할 수 없도록 기진맥
진했을 때는 어떠할까. 그런 경우 죽음을 고분고분 받아들
일 정신적 태세가 될 것 같지는 않아 보인다. 육체적 기력
이 없어도 정신적으로는 우리가 살아남기 위해 필사적이
될 것이라는 말이다. 이처럼 삶에 대한 갈애[愛]는 대단히
강하기 때문에 육신이 삶을 지탱할 수 없게 되면 달리 삶
을 받을 장소를 붙들려고[取] 정신적으로 애를 쓸 것이다.
일단 그런 장소를, 예를 들어 모태 속의 수정난자를 포착
하게 되면 이 새로 발견한 장소를 근거지로 해서 생명의
심적 진행과정[有]은 계속 이어지게 된다. 그것이 적절한
절차를 거쳐 태어남[生]으로 표출된다. 이상이 연기법에서
설하는 생명의 과정이다. 즉 갈애가 조건이 되어 집착이
있게 되고, 집착이 조건이 되어 생성becoming 또는 (인격

구성 요소의) 성장과정이 있게 되고, 그것은 다시 태어남의
조건이 된다.

이렇게 해서 죽음을 두려워하는 보통 사람들은 자신이
가장 열렬히 욕구하는 것이 곧 생존을 지속하는 것이기 때
문에 그로 인하여 제2의 태어남을 필연적으로 또 다시 맞
이하게 되는 것이다.

이제 우리는 알고 있는 것으로부터 모르는 것으로 나아
가면서 죽음의 과정에 대해 좀 더 파고들어가 보자. 정상
적 삶을 영위할 경우에는 깨어있을 때 감각기능에 갖가지
감각자료들이 와서 부딪히고 있는 것을 우리는 알 수 있
다. 이들 감각자료 중 어떤 것은 거부하고, 어떤 것은 골
라서 더 관심을 쏟아주고, 또 어떤 것들에 대해서는 강박
관념에 사로잡히기까지 하는 등 갖가지로 관심을 기울이
느라 우리는 늘 분주하다. 우리가 깨어있는 한 이와 같은
과정은 항상 지속된다.

현대사회에 이르러 사람들은 바깥으로 손을 뻗쳐 점점
더 많은 감각적 자극을 추구하고 있다. 이어폰까지 달린
휴대용 라디오, 껌, 화장품 그리고 텔레비전의 유행은 바
로 이와 같은 더 많은 감각적 자극을 구하는 현 세태의 명

백한 반증이 아닐 수 없다.

이 모든 것 때문에 우리는 자기 자신으로부터 소외되고 있다. 즉 우리는 자신의 참 성품을 좀 더 엄밀하게 말하자면 우리 마음의 참된 성품을 모르게 되어가고 있다. 더욱이 우리는 사회생활을 해나가면서 매사를 적당한 가면을 쓴 채 그때그때 처리해나가고 있다. 질투, 탐욕, 증오, 자만 또는 이기심 같은 정말로 느끼고 있는 것을 드러내지 않은 경우가 더 많다. '축하합니다', '감사합니다', '깊은 애도의 뜻을 표합니다' 따위의 관례화된 형식적 말치레 속에 감정을 은폐하고 있는 것이다. 그러다 보니 부정적 감정들을 지나치게 억누르게 되고 그래서 엉뚱하게 살인, 도둑질, 싸움질, 험담질 등등의 형태로 표면화되는 수가 있다. 그런데도 우리는 일반적으로 이 부정적 감정이란 독사를 억누르려고만 든다.

이제 우리는 죽음의 순간에 어떤 일이 벌어지는지 살펴보기로 하자. 우리는 죽음이란 것이 하나의 전개과정이지 순간적 돌발 사건만은 아니라고 믿는다. 감관이 하나씩 활력을 잃어감에 따라 자극의 공급이 중단되면 억제력 역시 사라지게 된다. 그러면 우리가 그동안 갖가지 배역에 따라

쓰고 있던 가면들 역시 벗겨져 나간다.

마침내 우리는 완전히 발가벗은 자신과 마주하게 된다. 그때에 우리가 목격하는 것이 증오, 질투 등등의 독사 같은 부정적 감정들이라면 우리는 죄의식, 회한, 비탄에 빠져 괴로워하게 될 것이다. 또 우리의 기억력은 그동안 억눌려왔던 그 모든 감각의 혼란과 금제禁制가 사라짐에 따라 아주 예민해질 것이 분명하다. 그래서 우리는 일생동안 자신이 저지르거나 빠뜨린 행위를 남김없이 분명하게 기억하게 될 것이다. 만약 그 행위들이 도덕적으로 온당치 못할 경우 우리는 죄의식과 비탄에 잠길 것이며(《상응부》 V권 386쪽) 도덕적으로 온당할 경우에는 만족하고 행복해 할 것이다.

《아비담맛타 상가하Abhidhammattha Saṅgaha》에서는 죽음이 도래하면 마음의 문에 업 또는 업의 표상表相이 나타난다고 설명하고 있다. 이 말은 죽음의 시발점에서 실제행위나 상징화된 행위가 기억 가운데 재생한다는 것이다. 이런 방식으로 표출되는 사고의 질이 다음 생을 결정짓는다고 한다.

죽음은 땅거미와 같이 자연스런 하나의 현상이다. 하지만 이는 무상의 법칙을 실현하는 한 예이기도 하다. 비록

우리는 죽음이 말할 수 없이 싫긴 하지만 피할 도리가 없
는 이상, 그 불가피성을 받아들일 마음의 준비가 필요하
다. 죽음이 자리 잡을 때 갑자기 허를 찔리는 꼴이 되지
않으려면 '죽음에 대한 마음챙김〔死隨念〕'을 익히는 것이 좋
다고 경전에서는 여러 번 설하고 있다. 죽음을 평화롭게
맞으려면 우리는 주변의 이웃들뿐만 아니라 더불어서 자
기 자신과도 평화롭게 살 수 있는 기술을 배워야 한다. 그
방법 중의 하나가 죽음의 불가피성을 잊지 않고 상기하는
것인데 이렇게 하면 온당치 못한 행위를 하지 않게 될 것
이다. 선정수행은 자기 자신과 평화롭게 지낼 수 있을 뿐
만 아니라 남과도 평화롭게 지내도록 해주는 최상의 기법
이다.

　자애를 관하는 공부7는 매우 효과적인 선정수행법이다.
이 수행이 갖는 특별한 이점의 하나가 미혹되지 않은 상태
로서 죽음을 맞을 수 있는 능력을 길러준다는 점이다.8
　《증지부》(Ⅲ권 293쪽)에서 부처님은 평화로운 죽음을 준

7〔역주〕자애를 관하는 법 : 〈고요한소리〉법륜·여덟《자비관》참조
8〔역주〕"asammūḷho kālaṁ karoti."

비하려면 어떻게 해야 하는지를 설하신다.

누구나 평화로이 죽을 수 있으려면 자신의 삶을 그 목적에 맞게끔 영위하면서 적절한 태도를 길러 나아가야 할 것이다. 경전에 나오는 가르침은 다음과 같다.

1) 여러 가지로 일을 벌이는 바쁜 생활을 좋아하면 안 된다.

2) 지껄이기를 좋아해서는 안 된다.

3) 잠자기를 좋아해서는 안 된다.

4) 너무 많은 친구 사귀기를 좋아하면 안 된다.

5) 너무 많은 사회적 교제를 좋아해서는 안 된다.

6) 공상하기를 좋아하면 안 된다.

또 다른 경(《증지부》 I 권 57~58쪽)에서 신身·구口·의意를 통해서 온당치 않은 나쁜 짓[惡業]을 짓지 않으면 죽음을 두려워할 필요가 없다고 설하신다.

〈대반열반경〉(《장부》 II 권 85~86쪽)에서는 성질이 못된 사람은 미혹한 상태에서 죽음을 맞을 것이며, 덕이 있는 사람은 미혹되지 않은 채 죽음을 맞을 수 있다고 확고하게 단언하고 있다. 따라서 소박하고 덕스러운 삶을 사는 한, 죽음을 두려워할 필요가 없는 것이다.

한번은 마하나마라는 석가족 신도가 부처님께 다음과 같이 솔직한 심정을 피력한 적이 있었다.(《상응부》 V권 369쪽) 가령 길에서 사고를 만나 갑자기 죽게 되면 다음 생에서는 어디에 태어나게 될 것인지 몹시 걱정이 된다는 것이었다. 그러자 부처님께서는 오랫동안 마음속에 믿음을 기르고, 계율을 닦고, 법문을 듣고, 보시를 행하고, 지혜를 키워온 사람은 그런 두려움을 품을 필요가 없다고 말씀하셨다.

부처님께서는 다시 비유를 들어 설명하신다. 가령 기름이나 액체 버터가 담긴 항아리가 깊은 물속에서 깨졌다고 치자. 그 그릇의 깨진 조각은 강바닥에 가라앉고 기름이나 액체 버터는 물 위로 떠오를 것이다. 마찬가지로 불행을 당할 경우 육신은 버려져서 독수리나 재칼의 먹이가 되겠지만 마음은 위로 떠올라 향상의 길로 나아갈 것이다.

나꿀라 아버지의 병환 이야기(《증지부》 III권 295쪽)도 죽음에 대한 불교의 태도를 잘 보여주는 흥미로운 일화이다. 한때 나꿀라의 아버지가 몹시 앓자, 그 부인은 남편이 불안 초조해 하는 것을 알아차렸다. 아내는 남편에게 근심을 가진 채 죽는 것은 고통스러운 일이며 이는 부처님께서도

마땅하지 않다고 여기시는 그릇된 일이란 것을 일깨워주
었다. 그러니 부디 마음을 진정시키라고 이르면서 위로해
주기를, "당신은 당신의 사후에 가족의 생계와 애들 양육
이 염려되겠지요. 그렇지만 나는 실을 잣고 길쌈도 할 수
있어요. 그것으로 가족을 먹여 살리고 애들도 키울 수 있
어요. 당신은 내가 재혼할까봐 걱정인가요? 내가 16살에
당신에게 시집온 후 이날까지 당신에게 불성실했던 적이
한 번도 없었다는 것은 당신이 더 잘 알 거예요. 당신이
죽더라도 나는 변함없이 당신에게 절개를 지킬 거예요. 나
의 정신적 발전이 염려되는가요? 나는 수행 정진을 계속
해서 정신적 향상을 이룰 거예요. 어차피 죽음을 맞아야
한다면 아무 염려 말고 평안히 맞도록 해야 돼요."라고 말
했다. 이것이 중병을 앓고 있던 남편에게 아내가 해준 간
곡한 말이었다. 그러자 남편은 침착성을 되찾게 되고 그
덕분에 건강마저도 회복되었다고 한다. 뒤에 이 이야기를
부처님께 말씀드리자 부처님께서는 그 여자의 지혜와 현
명함을 칭찬해주셨다.

그밖에도 일상적으로 하는 죽음에 대한 수념〔死隨念〕이
가져다주는 공덕을 여러 경전에서 논하고 있다.(《증지부》
Ⅳ권 46~48쪽; 《상응부》 Ⅴ권 344쪽, 408쪽) 우리의 마음이

생명에 대한 경외심을 잃어버린 채 삶의 재미에만 열중하게 되면 우리는 온갖 잔학한 행위도 서슴지 않게 된다. 이 것을 방지하는 길은 죽음을 수념하는 공부를 익히는 것이다. 우리가 이 세상에 온 것이 결코 영원히 머물기 위해서가 아니라는 것만 상기해도 우리는 정신을 차리고 훨씬 나은 삶을 살게 될 것이다. 자기 마음을 자세히 점검해봐서 탐욕, 증오, 질투 따위의 좋지 못한 부정적 감정이 발견될 때는 머리에 붙은 불을 끄듯이 그런 감정들을 제거하는 조치를 즉각 취해야만 한다.《증지부》(IV권 320쪽)

이상과 같이 불교 경전은 끊임없이 죽음의 불가피성을 일상적으로 관하는 공부가 주는 긍정적 이익을 반복해서 역설하고 있다. 분명 그것은 우리가 온당한 삶을 영위하도록 도와줄 뿐 아니라 인생에 있어 유일하게 확실한 중대사인 죽음을 침착하게 가라앉은 마음과 두려움 없는 믿음으로 맞을 수 있도록 도와주는 것이다.

인간의 육신

   살아있는 동안 인간의 육신은 이 세상에서 가장 소중하고 가장 신비로운 객체이다. 우리는 육신을 아름다운 것으로 여기어 그것을 더욱 더 아름답게 만들기 위해 많은 시간과 정력 그리고 돈을 쓴다. 또 육신을 쾌락을 위한 도구로 여기어 쾌락의 대상을 구하는 일에 거의 전 생애를 바친다. 그리고 우리는 육신을 자아의 핵심부분이라고 상정하고 있다. 이와 같은 태도와 상정이 불교의 관점에서도 타당한지 논의해보는 것은 유용한 일이 될 것이다.

   인간의 육신은 세상에서 가장 복잡한 기관이다. 각 개인들의 육체는 외관상뿐만 아니라 생화학적인 구조에 있어서도 그리고 감각기관의 감수능력, 질병에 대한 저항력, 질병에 반응하는 민감성 등에 있어서도 독특한 특성을 가지고 있으며 유전법칙만으로는 충분한 설명이 되지 않는 분야로 남아있다. 불교에서는 육신과 감각기관들은 이전의 업의 결과로 만들어진 것이라는 입장을 견지한다. 문명의 여명기에서부터 인류는 인간성의 수수께끼를 풀어보려고 노력해왔으며, 그 결과 다양한 과학과 종교가 생겨나게 된 것이다.

어떤 경에서 부처님은 이 작은 인간의 육신에서 전 세계와 그 세계의 발생, 소멸 그리고 소멸에 이르는 길을 발견할 수 있다고 말씀하셨다. 이 말씀은 곧 경험의 세계는 인간 육신 안에 있다는 말이다. 다른 말로 하면 인간 육신의 신비를 이해하게 된다면, 그것은 세계의 신비를 이해한 셈이 된다는 뜻도 내포하고 있다. 사실 외부세계란 우리가 감각기관이라는 도구를 통해서 겨우 알아차리고 있는 것에 지나지 않는다. 따라서 만일 우리가 감각기관과 감각자료들을 이해하게 되면 모든 것을 이해한 셈이 된다.

몸과 마음의 관계는 가장 알 수 없는 부분이다. 〈사문과경〉(《장부》 I 권 47쪽)에 의하면, 이 둘의 관계는 제4선四禪을 얻은 후에야 이해할 수 있다고 한다. 제4선에 이른 선정의 달인은 신체조직 속에 자리 잡고 있는 의식을 마치 투명한 구슬을 꿰고 있는 색실을 보듯이 볼 수 있게 된다. 또 다른 경전에서는 서로 기대어 세워놓은 두 다발의 갈대의 비유를 통해서 몸과 마음의 상호의존 관계를 설명하고 있다. 마음속의 감정변화는 신체의 화학작용에 영향을 미치고, 신체의 화학작용상의 변동은 마음에 영향을 끼친다. 그 명백한 예로 분노라는 부정적인 감정을 들 수 있다. 분노는 몸속에 있는 샘〔腺〕의 분비작용을 촉발시켜서 신체의 화학작용에 현저한 변동을 가져온다. 그래서 몸이 떨리고 땀이 나고 뜨거워지는 것을 느끼는 등의 변화가 일어난다. 한편으로, 예컨대 술이나 마약 등의 섭취로 인한 육체의 화학작용상의 변화는 마음에 영향을 끼쳐 각각 특유의 기분전환, 병적쾌감, 환각상태를 일으킨다.

《증지부》(IV권 385쪽 이하)에 의하면 모든 생각은 느낌으로 전환된다고 한다.9 이 말은 곧 육신이 얼마만큼 마음에 의해 영향을 받는가를 보여준다.

불교는 이러한 상호의존성을 명확하게 인식하고 해탈로 나아가는 길에서 그러한 지식을 잘 활용하고 있다. 육신을 戒로써 단련시켜 무리 없이 건강한 생화학적 상태로 유지시킨다. 마음은 선정수행에 의해 건전한 심리적 변화를 일으키게 되고 그래서 다시금 더욱 건강한 육체의 생화학

---

9 〔역주〕 "*Purisassa saṅkappavitakkā kimsamosaraṇā?*"
    "*Vedanāsamosaraṇā.*"

적 조성에 힘을 보태준다.

이와 같은 과정이 아라한과를 얻을 때까지 지속된다. 아라한과에 이르게 되면 그동안 겪은 생화학적 변화가 워낙 근본적이고 돌이킬 수 없는 것들이기 때문에 정신발전과는 정반대가 되는(그러나 보통사람에게는 예사로운) 몇 가지 생리적 기능이 그들에게는 일어나지 않게 된다고 한다.

감각능력을 지닌 육신이 가장 소중하다고는 하지만 그렇다고 특별히 소중한 어떤 물질이 그 속에 들어있기 때문은 아니다. 육신이 소중한 까닭은 바로 그 육신을 통해 인간이 우주와 자기 자신의 가장 깊은 신비를 파헤칠 수 있고 삶의 의미와 죽음의 수수께끼도 풀어낼 수 있기 때문이다. 황혼녘 바닷가에 서서 저 수평선 너머로 머나먼 바다를 바라볼 때, 또 쳐다보면 볼수록 무한대로 멀어져가는 저 별빛 가득한 창공을 대할 때, 우리는 우주의 광대함에 위축되고 만다. 이런 우주와 비교할 때 인간은 한낱 극미極微한 먼지 부스러기에 지나지 않는다. 하지만 인간의 잠재능력으로 말하자면 저 광대무변한 우주를 상상이나마 해낼 수 있는 존재가 바로 인간이며 우주의 신비를 벗겨낼 수 있는 존재도 인간이 아니고 누구겠는가. 비록 우주의

한 부분, 한 조각에 지나지 않고 또 자연의 우주법칙에 지배를 받는 존재이긴 하지만 인간은 자연의 물질세계를 뛰어넘을 수 있는 능력을 가지고 있으며, 심지어는 부처님의 위치에도 오를 수 있는 것이다. 그러므로 인간은 지고의 존재이며 감각능력을 가진 인간의 틀(육신)도 그만큼 소중한 것이다.

　일반적으로 우리는 육신을 아름다운 것으로 생각하고 있는 것이 사실이다. 그래서 아름다운 눈매며, 백옥 같은 이, 얼굴, 머리카락, 몸매 따위를 곧잘 입에 올린다. 그러나 불교는 인간의 육신을 현실적 관점에서 본다. 육신은 오물주머니이며 더러운 것으로 가득 차 있다. 어떤 경전에서는 육체를 구성하고 있는 서른두 가지 부분에 대해 언급하는 자리에서 상세하게 그 더러운 물질들의 이름을 나열하고 있다.

　아침에 세수하기 전의 얼굴을 잠깐만이라도 주의 깊게 살펴보면 곧 육신의 역겨운 본성을 분명하게 깨달을 수 있을 것이다. 몸뚱이는 큰 구멍 아홉 개와 그 밖의 수많은 털구멍을 통해 불결한 물질을 계속 쏟아내고 있기 때문에 항상 깨끗이 닦아주어야만 한다. 단 하루라도 육신이 배출

구를 통해 쏟아내는 것들을 청결하게 거두어주지 않고 내버려두면 견뎌내기가 어려울 텐데 하물며 오랫동안 방치해두었다고 상상해 보라. 어떻게 되겠는가?

이렇듯 스스로나 남들의 비위에 거슬리지 않게 하려면 깨끗이 거두는 데만도 많은 주의를 기울여야 한다. 만약 항상 청결히 해주지 않을 경우에는 온갖 기생충의 온상이 되어 공공에게 큰 폐를 끼치게 될 것이다. 따라서 우리가 이 몸뚱이에 반해서 열중하는 어리석은 짓을 줄여나가 완전히 멈추게 되자면 육신의 본질과 구성을 이해하지 않으면 안 된다.

우리는 일생동안 내내 이 육신을 먹여 살리기 위해 많은 신경을 써야 한다. 아무리 잘 먹여도 육신은 물리는 법 없이 다시금 배고픔을 느끼게 된다. 그래서 《법구경》(203게)에서는 배고픔이야말로 가장 고약한 질병이라고 말하고 있는 것이다. 위장은 주기적으로 조심스레 붕대를 갈아줘야 되는 입이 벌어진 상처와도 같다. 하지만 불교에 따르면 물질적 형태의 음식물은 육신이 필요로 하는 자양분 중의 한 가지에 불과하다. 그밖에도 세 가지 자양분이 더 필요하니 환경과의 접촉phassa, 의지작용manosañcetanā, 식

識 *viññaṇa*이 그들이다.

이 네 가지의 자양분[四食] 모두가 육신을 건강하게 지속시켜 나가는 데 필수적인 것들이다. 육신은 또한 더위, 추위, 비, 해로운 세균과 외부의 위해로부터 보호되어야 한다. 우리는 이들 갖가지 외부적 위험 요소로부터 몸을 보호하기 위해 언제나 정신을 차리고 있어야만 한다. 이런 여러 가지 이유 때문에 불교에서는 육신을 큰 근심[苦]의 원천(*bahudukkho ayam kāyo*)이라 부른다. 이 육신을 생존에 적합하게, 깨끗하게, 건강하게 유지시키기 위해서 사람들이 겪어내어야 하는 고충은 실로 큰 것이다.

이 육신은 감각기관들을 갖추고 있으며 그것들은 쉴 새 없이 쾌락을 찾고 있다. 눈은 즐거운 형상을 찾고 있으며, 귀는 아름다운 소리를, 코는 좋은 냄새를, 혀는 맛있는 음식을, 육신은 안락한 촉감을 찾고 있다. 우리의 일생은 대부분 이러한 쾌락을 추구하는 데 소비된다. 하지만 묘한 것은 우리의 육신은 조직자체부터가 지나친 쾌락은 감당해내지 못한다는 사실이다. 아무리 즐거운 쾌락일지라도 지나치면 몸에 병이 든다. 예를 들면 아무리 입에 맞는 맛있는 음식이 있다하더라도 과식을 하게 되면 육신은 치명적인 병에 걸리고 만다. 마찬가지로 지나친 성性의 탐닉은 성병을 유발시킨다. 그 중에도 오늘날 가장 가공스러운 것이 에이즈AIDS인데 여기에 대해서는 치료 방법을 아직 찾지 못하고 있다. 그러므로 건강과 장수를 원하는 이들이 취할 수 있는 최선의 방책은 감각적 쾌락을 절도 있게 향유하는 것일 것이다.

또 육신이 취하는 갖가지 자세, 가령 서거나 앉거나 걷거나 누워있는 자세를 살펴보면 육신에게는 이들 자세가 오래 견뎌내기 힘들고 짧은 시간 동안 밖에는 지탱하지 못한다는 것을 알 수 있다. 가령 가장 편안한 자리에 앉아있을 경우에도 똑같은 자세를 유지하지 못하고 시간이 조금만 지나면 몸을 뒤척이게 된다. 끊임없이 쾌락을 추구하는 본능에서 사지를 좀 더 편안한 자세에 두고자 자신도 모르는 사이에 몸을 움직이게 되는 것이다. 그러나 쾌락은 오래 가지 않고 고통이 다시 고개를 쳐든다. 그래서 다시 조그마한 편안함이라도 보태겠다고 우리는 또 몸을 뒤척여 자세를 바꾼다.

이런 식으로 쾌락의 추구가 진행되는데도 이것을 두고 우리는 생을 즐긴다고 말하면서 자신을 기만하고 있는 것이다. 본질적으로 이 육신은 고통의 근원이다. 그런데도 우리는 이 엄연한 사실은 외면한 채 속절없는 즐거움에만 한사코 매달리려 든다. 부처님께서는 즐거움이 '조금쯤 *appassāda*' 있는 것은 사실이지만 고통은 이 즐거움보다 '훨씬 많다고*bahudukkha*' 말씀하신다.

육체는 또 여러 성장 단계를 거치면서 많은 고통을 안겨 준다. 출생부터가 산모나 아기 양쪽에 격심한 고통을 준다. 태어나면 유아는 또 주변에 있는 타인들의 손에 전적으로 맡겨진다. 적절한 보살핌을 받지 못하면 큰 고통을 겪게 되고 애처롭게 울면서 그 고통을 표현한다. 다음으로는 치아가 날 때가 어린이들이 성장 과정에서 겪는 고통 가운데 매우 중요한 고비일 것이다. 또 갖가지의 몸의 동작을 익히려 애쓰는 과정도 어린애로서는 톡톡히 곤욕을 치루는 일이라 아니할 수 없다. 사춘기와 청년기 역시 나름대로 성장통으로 시달리는 때이다. 노년은 특히 육체적 고통이 심한 때이다. 감각기능은 쇠퇴일로여서 시력은 떨어지고, 귀는 잘 안 들리고, 다른 기관들도 점점 덜 예민해진다. 여기저기 관절이 쑤시고 몸의 아픈 증상이 갈수록 만성화되고 체력도 쇠퇴한다. 심지어 부처님께서도 노년

기에 들어서는 당신의 육신이 수리를 많이 해야 겨우 지탱
되는 낡아빠진 수레나 마찬가지라고 말씀하셨다. 그리고
선정에 들어있는 시간만이 육신이 편안을 누리는 때라고
덧붙이셨다. 노년기 육신의 실상은 이와 같은 것이다. 또
한 우리는 육신이 나이를 먹어가면서 언제든지 갖가지 질
병에 걸릴 수 있다는 사실도 잊어서는 안 될 것이다.

이처럼 육신이 커다란 재앙의 원천이긴 하지만 그렇다
고 이 육신을 미워할 수도 없는 노릇이다. 육신에 대해 건
전한 태도를 지니기 위해서는 육신에 빠지거나 미워하는
양극단을 피해야 한다. 우리는 육신에 대해 자애심metta,
다시 말해 우호적인 태도를 가져야 한다. 육신의 성질을
실제적으로 이해한다면 육신을 단지 쾌락의 도구로만 이
용하는 잘못은 저지르지 않도록 해야 할 것이다. 우리는
몸을 해칠 위험이 있는 흡연, 음주, 감각적 쾌락 등에 과
도하게 탐닉하는 것이 습관이 되지 않도록 매우 조심해야
한다.

우리가 자신의 몸에 대해 우호적 자세를 익히지 못할 경
우 이 몸뚱이는 우리 자신이 가져다 준 질병에 희생되고
말 것이다. 무리 없이 건강한 육신을 누리길 바란다면 도덕

적으로 건전한, 절도 있는 생활습관을 기르는 수밖에 없다.

우리는 신체를 자아의 필수불가결한 한 부분으로 생각하는 습성이 있다. 가령 우리가 "나는 키가 크다, 나는 뚱뚱하다, 나는 살갗이 희다, 나는 아름답다 또는 나는 못생겼다."라고 말할 때 사실은 육신이 이런 속성을 지녔다는 뜻으로 쓰고 있는 것이다. 그러나 '나'라는 대명사를 계속 쓰다보면 '나'라는 문법적 주어에 사로잡혀 영혼이니 자아니 하는 존재론적 주어가 실제로 있는 줄 생각하게 된다. 그러다 보면 우리는 육신과 자신을 동일시하며 자기가 육신을 가지고 있다는 소유관계로 생각하게 된다. 이렇게 하여 육신은 자아의 필수불가결한 한 부분이 되고 마는 것이다.

부처님께서는 만일 육신이 우리가 생각하듯이 진실로 우리의 것이라면 우리가 원하는 대로 움직여주어야 마땅한 것이라고 설파하셨다. 그렇다면 우리가 언제나 원하듯이 육신은 젊고 건강하고 아름답고 튼튼한 채로 변하지 말아야 할 것이다. 그러나 육신이 우리 원대로 되어주는 일은 거의 없으며 그래서 우리의 바람과 기대에 어긋날 때마다 매양 쓰라린 꼴을 겪게 된다. 육신은 실제로 우리에게

속한 것도 아니고 우리의 자아도 아니며 또 우리 자아의
일부도 아니라고 부처님께서는 지적하신다. 따라서 우리
는 육신에 대한 집착을 버려야 하며 자신을 육신과 동일시
하는 일도 그만두어야 한다. 육신에 대한 집착을 버리면
많은 행복과 평화가 찾아온다. 우리의 습관이 되어있는 동
일시同一視 및 소유관념을 떨쳐내려면 육신의 혐오스럽고
뜻대로 따라주지 않는 실상을 마음에 깊고 선명하게 아로
새겨 놓아야 하며 그래서 육신에 대한 태도의 변화가 실제
로 우리 안에서 일어나야 한다. 그렇게 되도록 혐오스럽고
재앙만 만들어내는 우리 육신의 실상을 거듭거듭 반복해
서 관하는 것이 현실적 시각을 얻는 확실한 방법이다. 이
것이 고에서 벗어나는 바른 길인 것이다.

관능적 사회풍조와 현대불교[10]

관능적 사회풍조의 원인[11]

과학 및 기술의 발전은 현대인의 생활양식에 폭넓은 변화를 가져왔다. 특히 20세기에 있어 그러한 변화가 너무나 급속하고 압도적이었기 때문에 이 부분에서는 금세기가 과거의 모든 세기들을 다 합친 것보다도 훨씬 더 큰 비중을 차지할 것 같다. 사람들의 태도, 가치, 목표 그리고 이상마저도 급격한 변화를 겪고 있다. 우주, 인간, 사회, 문화 및 문명의 본질과 전개에 대한 과학적 지식은 기존에 확신했던 것들을 흔들어 놓고 있으며, 서구의 유신론有神論

---

10 한국 서울 동국대학교에서 열린 〈불교와 현대세계〉라는 주제의 학술회의에서 발표한 논문(1976).

11 참고한 서적 : 밴스 펙커드, 《성의 황야 *The Sexual Wilderness*》 (런던 1968); 《낭비 조장자들 *The Waste Makers*》(런던 1961); 안난 경, 《구문명의 해체 *The Disintegration of an Old Culture*》(옥스퍼드 1966).

적 종교전통에 대해서는 그 권위뿐 아니라 근거마저도 서서히 허물어뜨리고 있다.

전통과 권위에 대한 존경심이 사라지게 되면서 도덕적 가치의 타당성 역시 의문시되었다. 날로 새로워지고 있는 과학지식은 전통적 신념들을 차례차례 미신 또는 신화에 불과한 것인 양 조롱하면서 현대적인 것들이 훨씬 더 우월하게 보이도록 후광을 비춰주었다.

그런 환경 속에서 자랐기 때문에 젊은 세대는 부모 세대들의 생활양식과는 거리가 멀어지게 되고, 그래서 세대 차이의 문제가 전에 없이 큰 비중을 지니게 되었다.

과학적 지식이 사람을 문화유산으로부터 유리된 한낱 회의론자로 만든 반면에 기술은 사람에게서 창조적 능력을 앗아갔다. 기계는 그 엄청난 생산능력으로 사람을 버튼이나 누르는 존재로 격하시켰고, 수백만 노동자를 직장 밖으로 내쫓았다. 노동자들은 육체적인 힘도 정신적 창조력도 쓰지 못하게 거부당한 채 좌절감 속에 방치되고 있다. 그 결과의 하나로 각 민족정서의 승화된 표현이라 할 수 있는 고유 민속미술과 공예가 거의 절멸하게 되었다. 이제 사람들은 창조성을 찬탄하고 싶은 마음에서 또 자기를 표현하려는 가련한 몸부림에서 골동품 수집가로 변신해 가고 있다.

그 다음으로 현대인을 완전히 짓눌러버린 힘은 상업화와 광고라는 폭군이다. 생산이 소비를 앞지르게 되자 미처 소비되지 못한 재고들로 체화滯貨현상이 빚어지게 되었고, 이를 해소하는 길은 사람들에게 더 많이 소비하도록 권장하는 길밖에 없게 되었다. 전통적인 근검의 기풍을 소비중심의 윤리로 전환시키려는 계산된 시도가 치밀하게 수행되었다. 새로이 누리게 된 풍요로운 생활수준을 유지해나가려면 소비를 증대시키는 것이 미덕이자 필요한 일이라고 사람들에게 확신시키기 위해 대중매체가 동원되었다. 구매 동기심리와 행동심리학에 대한 연구조사 결과, 인간의 유혹받기 쉬운 구석이 낱낱이 드러나게 되었고, 그리고 광고업자들은 이런 약점을 이용하여 떼돈을 벌게 되었다. 그 약점이란 감각적 쾌락, 사유재산, 사회적 위세를 추구하는 인간 고유의 탐심이다. 이미 문화라는 안전장치가 끊어져나간 데다 창조적 충동마저 좌절당한 현대인들은 대중매체의 매력 있는 유혹에 넘어가서 방종한 생활로 곤두

박질치게 된 것이다.

개인과 사회에 미친 해로운 결과

이상으로 간략하게나마 현대의 관능적 사회 풍조를 유발시킨 주요 원인들을 개관했으므로 이제 그런 풍조가 오늘날의 개인과 사회에 초래한 결과를 살펴볼 필요가 있겠다.

성병性病이 만연하게 되었다. 미국에서는 지난 10년간 성병이 세배나 증가됐다는 보고가 있다. 정신의학 분야가 날로 확대되고 있는 것도 정신적 건강이 급격히 악화되고 있다는 증거이다.

알코올중독과 마약중독이 중요한 보건 문제로 대두되었다.

범죄율이 증가일로에 있다.

부부의 연분이 서글플 정도로 쉽게 금이 가게끔 되었고 이혼율이 놀라우리만큼 높아졌다.

유아의 요람으로서의 가정의 기능이 위협받고 있다. 어떤 사회학자들은 과히 멀지 않은 장래에 가정의 기능이 끝나버릴 것으로 내다보고 있다. 가정생활의 파탄이 가져온 가장 가슴 아픈 결과는 어린애들의 목숨에 끼친 영향일 것이다. 1976년 1월에 간행된 〈영국 보건 경제 보고서〉는 1960년대 초 이후로 영국에서 발생한 살인사건의 가장 주된 피해자는 바로 어린아이들이었다는 사실을 알려주고 있다. 가족들 간에 갈등이 있을 때면 매를 맞게 되는 것은 아이들이고 더러는 죽기도 한다. 10대의 마약중독과 소년범죄는 이 시대에 경종을 울리는 문제가 되었다.

이러한 사회 현상들은 감각적 쾌락에 대한 사람들의 태도와 직결되는 문제이며 따라서 관능탐닉으로 인해 자멸하고 말 이 긴박한 위기에서 인류가 구출되자면 이 문제에 대해 진지하게 재고해 보는 노력이 무엇보다도 시급하다 하겠다.

불교가 도움을 줄 수 있는가?

불교는 지난 25세기 동안 무수한 사람들을 교화시켜온 커다란 원동력이자 지도 원리였다. 현재와 같은 혼돈 상황에 대해 불교가 어떤 빛을 던져주는지 그리고 현대적 상황에서 개인으로서는 자신을 잘 적응해 나가고 또 건전한 가정과 대인관계를 이루는 데에서 어떤 지혜를 제공해주는

지 살펴볼 필요가 있겠다.

불교에 대해 삶을 거부하는 금욕적 이상주의라든가 또는 반사회적, 반정치적이라는 등의 비판의 소리가 때때로 요란하기도 하지만, 불교 교단은 비구, 비구니뿐 아니라 우바새(재가 남신도), 우바이(재가 여신도)들도 포함하고 있다는 사실을 잊지 말아야 할 것이다.

재가자의 지성적, 계율적 훈련은 승려의 그것에 못지않게 불교의 중요 관심사인 것이다. 따라서 불교는 인권이 보호되고 인간적인 기업이라야 성공할 수 있으며 자원이 잘 배분되고 정의가 최고의 권위를 행사하는 그러한 사회를 창조하려는 목표에서 독자적인 사회와 정치 철학을 제시하고 있다. 트레버 링도 주장하고 있듯이 불교는 단순한 종교나 철학만이 아니고 사실상 하나의 총체적 문화로서 사람들의 세속적 및 정신적 욕구를 모두 충족시켜 줄 수 있는 훌륭한 다면적 생활철학인 것이다.[12]

_____

12 트레버 링Trever Ling, 《붓다 *The Buddha*》(런던 1973), 17쪽, 24쪽 이하.

관능탐닉과 인간의 대망

불교에 의하면 인간의 대망은 부, 쾌락, 명성, 장수, 그리고 사후의 행복을 얻는 데에 모아진다.(《증지부》 II권 66~68쪽) 이런 것들을 인간적 동경의 대상이자 인간이 힘써 살아가는 목표라고 받아들이면서 불교는 이런 목적을 실현하는 데 도움이 되는 생활방식을 제시하고 있다. 왜냐하면 인간이 쾌락을 추구하다보면 결국에 가서는 그 목표 자체를 도로 무너뜨리게 될 위험성이 언제나 있기 때문이다. 부富와 성性은 쾌락을 얻는 두 가지 주요 수단이다. 이 두 가지를 신중한 태도로 대하면 여타의 세 가지 인간적 소망을 실현하는 데에도 크게 도움이 된다. 오늘날 대부분의 사회적 병폐 원인은 이 두 가지를 잘못 다룬 데에 있으므로 그에 대한 불교의 태도를 정확히 이해하는 것이야말로 대단히 이로운 일이 될 것이다.

부富

부를 대하는 불교의 태도가 위에서 설명한 바와 같기 때문에 수입에 대해서는 상한선을 설정하지 않는다. 불교가 설정하는 것은 부는 올바른 수단으로 벌어야 하며 올바른 방식으로 써야 한다는 것이다. 남을 해치거나 속이거나 이용하지 않고 자신의 이마에 흘린 땀으로 번 돈이야말로 불교가 높이 찬양하는 바이다. 부는 어디까지나 도구적 가치밖에 지니지 못한다는 점을 항상 강조하고 있다. 부는 첫째, 자녀와 부모·딸린 식솔·친구들을 행복하게 만들어 주면서 안락하게 살고 둘째, 화재·수재 등 언제 일어날지 모르는 재난에 대비하고 셋째, 친척·손님·국가에 대한 의무와 종교적 문화적 활동을 행하고 넷째, 정신적 향상을 위해 헌신하는 사람들에게 공양을 올리는 데에 쓰여야 한다. 각자의 분수에 따라서 많든 적든 간에 자신의 자산을 가장 올바른 방법으로 선용하도록 노력해야 마땅하다.

불교에서 깊이 개탄하는 것은 과도하게 욕심스러운 탐심과 쌓아두는 습성이다. 인색함은 경멸하나 검소함은 미덕으로 칭찬한다. 낭비는 개탄할 습관이며 심지어는 반反 사회적인 것으로 간주한다. 한번은 아난다 존자가 어느 왕에게 승려들이 받은 보시물을 어느 정도로까지 활용하는지 설명해 준 적이 있다.

새로 옷을 얻으면 헌옷은 덮개로 쓴다. 헌 덮개는 좌복의 씌우개로 쓰고 헌 좌복의 씌우개는 깔개로 쓴다. 헌 깔개는 걸레로 쓰고, 낡아 너덜너덜하게 해진 걸레는 진흙에 이기어 금이 간 마루나 벽을 때우는 데 쓴다.(《율장》Ⅱ권 291쪽) 불교 승려들이 자원을 알뜰하게 쓰는 모습이 실로 이와 같았다. 이런 검소한 기풍이 재가신도들에게도 자연히 파급된다. 어떤 부유한 상인은 액체 버터 한 방울이 마루에 떨어진 것을 보고 허비를 막고자 하인을 시켜 이를 담게 했다. 이렇게 알뜰한 사람이 보시를 할 때는 어떻게나 손이 크던지 받는 사람이 놀라곤 했다는 것이다. 스님들의 알뜰한 정신은 신도들이 배워 실천한 훌륭한 예가 되겠다.(《율장》Ⅰ권 271쪽) 검소함과 관후寬厚함이 양립할 수 없을 것 같지만 이 두 가지 덕목은 모두 닦아서 함께 지녀야 할 덕목들이다. 이런 소박한 덕목들을 생각하다 요새 들려오는 소식들에 접하면, 한 예로 밴스 펙커드가 내놓은 획기적으로 눈이 번쩍 뜨이게 해주는《낭비 조장자들 *The Waste Makers*》을 읽으면 도대체 오늘날 과학시대의 지성인이란 사람들이 과연 제정신과 상식을 가지고 있는 것인지 의아한 마음을 금할 수 없게 된다.

일부 조사 연구가들의 계산에 의하면 지난 40년간 미국

인이 소모한 세계 자원만 해도 전 인류가 지난 4,000년간 소모한 양과 맞먹는다고 한다. 지구 자원은 결코 무한대가 아니므로 후손을 염려하는 마음에서라도 현대인들이 생각을 바꾸어 불교의 경제적 습성을 일부라도 몸에 익혀야 할 때가 아닌가 생각된다.

해양학이 발전되면서 미개척의 신 자원을 개발하기 시작한 것도 사실이나 해양 역시 무한대가 아닌 데 반해 인간의 탐욕은 끝도 없고 만족할 줄도 모른다는 것을 잊지 말아야 할 것이다.

성性

불교는 성욕을 보편적 실재로 인정한다. 동물세계에서는 성적 충동은 자연의 변화에 따라 조절되며 따라서 짝 짓고 번식하는 것도 계절적으로 이루어진다. 그런데 인간세계에는 그런 자연적 장치가 없으며 인간들은 오랫동안의 체험과 조정과정을 거쳐 온 끝에 성생활을 자신이나 남들에게 해가 되지 않도록 적절하게 꾸려나가도록 특정 금기나 관습, 규정을 만들기에 이른 것이다. 때나 장소에 따라서 이들 관습이 다르긴 하지만 대체적으로 이런 관습 덕분에 인류는 야만상태를 벗어나 문명화할 수 있었다. 가족도 이렇게 해서 태어난 사회제도인 것이다.

불교에 의하면 일부일처제가 가장 이상적인 결혼제도이다. 결혼 이전에는 순결한 것이 그리고 결혼 이후에는 정절을 지키는 것이 이상적인 몸가짐이다. 결혼생활에 성공하려면 이것만으로는 충분하지 못하다. 상호신뢰〔信〕, 도덕성〔戒〕, 헌신〔捨〕, 사리분별〔慧〕이 결혼의 행복과 성공을 보장하는 덕목으로 강조된다. 다른 말로 하자면 상호신뢰는 서로 의지하는 것을 의미하고, 도덕성은 성격적으로 강직함을 뜻하며, 헌신, 즉 사랑하는 사람에게 희생적으로 봉사하는 기쁨은 정서적 성숙을 표시하고, 사리분별은 지적 성숙을 보여주는 것이다. 이런 자질들은 두 배우자를 굳게 맺어주며 그 인연은 죽은 후에도 다음 생에까지 이어진다고 말한다. 나꿀라의 부모는 늙은 나이가 되어서도 자기네의 사랑이 죽음을 넘어서 이어지기를 소원한 이상적인 부부로 경전에 그려지고 있다. 부처님께서는 이 소원에 대해 위에 말한 자질들을 부부가 다 같이 갖추고 있다면 소원을 이룰 수 있을 것이라고 대답하셨다.

현대인의 부부관계는 대단히 깨지기 쉽고 허약하다. 왜냐하면 정으로 맺어진 결속력이 육욕에 매몰되기 때문이다. 육체적 쾌락이 크게 강조되는 반면 희생과 이타심을 필요로 하는 성격 적응과 다정다감한 관계는 무시되거나 간과된다. 물론 성은 결혼에 있어 주요한 기본 요건이지만 그렇다고 그것이 가정생활의 모든 것이자 또한 궁극적인 것은 분명코 아니다. 성만을 위한 성애의 탐닉은 결코 만족감을 채워줄 수 없거늘 어찌 충족감을 기대할 수 있겠는가. 만족할 줄 모르는 탐욕을 경멸하여 불교 경전에서는 항용 허기를 채우려 뼈를 핥고 있는 개에다 비유한다. 그렇지만 부부간 사랑의 표현으로서 성관계는 만족감을 느끼는 정서적 경험이다. 성만이 유일한 관심사일 바에야 굳이 가족과 같은 제도로 발달시킬 필요가 없었을 것이다. 동물도 성적 본능을 채우지만 동물세계에서는 인간의 가족제도처럼 발전되지는 못하였다. 가족생활의 중요 기능은 사람에게 자기중심적 사고를 극복하도록 커다란 도덕적 교훈을 주는 데 있는 것 같다.

사람은 어머니의 자궁 속에서 가장 이기적인 기식자寄食者로서 그 생을 시작한다. 그 후 그는 여러 가지 정서적 단계, 즉 자기사랑, 부부사랑, 부모로서의 사랑 등 여러 단계를 통과하게 된다. 그러면 성숙한 사람이 되어 그는 부모로서 자식에 대한 봉사에 전적으로 열중하게 된다. 그의 헌신이 이와 같기 때문에 평생을 땀 흘려 번 재산마저 흔연히 자식들에게 양도할 수 있는 것이다. 마지막으로는 자식에게 사랑하고 아낄만한 배우자를 짝 지워줌으로써 정서적 자기희생을 또 한 번 치르는 것이다. 노후에는 자식을 평온한 마음으로 대견하게 바라본다. 이와 같은 정서적 성숙과 성취감은 관능탐닉을 결혼생활의 목표로 삼을 경우엔 절대로 불가능한 일이다.

명성과 장수

이 두 가지 인간적 대망이 실현되자면 앞서 말했듯이 주로 부와 쾌락을 다루는 자세가 어떠한가가 관건이다. 한 가지 특별히 언급해 둘 것은 술은 육욕과 더불어 모든 인간적 포부를 망가뜨리는 주범이라는 것이다. 술에는 사람의 양심이 녹아버린다는 말은 매우 적절한 표현이다. 불교에 따르면 술과 육욕은 사람의 육체적 정신적 건강을 해치고, 재산을 흩어 없애고, 사회적 명망에 흠을 내고, 지적

재능을 가린다고 한다.《장부》(Ⅲ권 182~184쪽)

사후의 행복

지금 같은 물질적 쾌락의 시대에 사람들은 사후의 생활에 대해서는 그다지 관심을 두지 않는다. 하지만 불교가 주는 교훈은 각자 자기가 뿌린 것을 거둔다는 것이다. 남을 위한 도덕적인 삶을 살고 만족감과 평온감, 충족감을 가지고 노년에 이른다면 후회할 일이 없을 것이다. 부끄럽지 않게 잘 살아온 인생은 불교에 의하면 무덤 너머로 행복을 가져간다. 그런 사람은 빛에서 더 밝은 빛으로 향상해간다고 한다.[13]

관능탐닉과 지적 성숙

방종의 또 다른 주요 악영향은 지적 능력을 제약한다는

---

13 〔역주〕 "*joti joti parāyano*"《증지부》(Ⅱ권 86쪽)

점이다. 불교에서는 관능에 탐닉하면 분명한 사고를 못하게 되고, 안목이 흐려지고, 쟁점이 가려지고, 지혜가 막히고, 마음의 평화가 파괴된다고 역설한다. 2500년 전에 부처님이 이런 사실을 관찰한 것과는 전혀 별도로 송과선松科腺에 대한 의학적 연구 결과, 성이 두뇌활동에 미치는 제약 효과가 지적되고 있다.

인체에서 송과선은 뇌의 기부의 뒷부분에 위치하며 서양 배〔梨子〕 모양의 중선中線구조를 하고 있다. 이 선은 멜라토닌이라 부르는 호르몬을 합성하는데 이 호르몬은 행태行態·수면·두뇌활동 그리고 사춘기·배란기·성적 성숙과 같은 성적 활동에 영향을 준다. 멜라토닌은 두뇌의 활동을 촉진시키고 있을 동안에는 성적 활동을 제약한다. 또 밝음, 어두움, 후각 작용, 추위, 스트레스, 기타 신경계의 입력은 송과선의 기능에 영향을 준다. 빛에 노출되면 멜라토닌의 합성이 감소되고 송과체의 무게가 줄어든다. 다른 면에서는 빛은 성적 성숙과 활동을 촉진한다.[14]

이상의 의학적 정보를 불교교설과 비교해보는 것이 유

---

14 G. E. W. 월스톤호움과 줄리나이트 공편,《송과선 *The Pineal Gland*》(런던 1971) 참조.

익힐 것이다. 불교에서는 감각적 자극은 정신활동을 교란시킨다고 주장한다. 감각의 문을 잘 지키면〔*indriyesu guttadvāro hoti*〕, 즉 눈·귀·코·혀·몸에 대한 입력을 제어하면 그에 상응하는 만큼의 집중된 정신활동이 가능해진다는 것이다. 심일경성心一境性, 다시 말해 한 점에 마음을 집중시키는 능력은 감각기관의 제어에 크게 좌우된다. 생리학 용어로는 그와 같은 감관제어는 송과선에서 멜라토닌 합성을 도와 두뇌활동을 자극하고 성적 활동을 저지한다는 것이다. 이처럼 의학적 연구에 의해서도 관능을 탐닉하는 것이 지적 성숙을 제약한다는 불교의 관점이 확인될 수 있는 것이다.

관능 탐닉과 문화

《장부》의 〈세기경〉에서는 이 세상과 사회의 진화를 설명하고 있는데, 그 경에 따르면 최초의 지구 거주 존재들의 몸은 마음으로 만들어졌으며 빛이 나고 있었다. 그들은 기쁨을 먹고 살았으며 하늘을 날아다녔다. 오랜 기간이 지난 후 그들은 극히 향기로운 어떤 것을 맛보게 되었는데

이 새로운 미각을 경험하고서 즐거워하였다. 그 후 그들에게서 갈애가 생겨났으며 그들은 이런 식으로 계속 음식을 맛보았다. 그 결과로 그들의 몸은 점점 더 둔탁해져 갔다. 몸에서는 광휘가 사라지고 기쁨을 양식으로 삼거나 하늘을 마음대로 돌아다니는 능력도 잃게 되었다(《장부》 III권 84~86쪽)고 한다.

여기서 중요한 점은 이 진화 과정의 진부 여부가 아니라 감각적 욕망 때문에 사람들이 옛날에 지니고 있던 것으로 생각되는 높은 정신적 육체적 능력을 잃게 되었다는 것이다.

〈전륜성왕사자후경〉(《장부》 III권 69~74쪽)은 사회변화의 문제를 다루고 있다. 부가 불균등하게 배분된 결과, 가난이 만연하게 되고 도덕적 기준이 급격히 저하되었다. 도덕적 퇴보와 더불어 육체적 아름다움과 수명도 그만큼 감소되었다. 시간이 경과함에 따라 부도덕성이 자리 잡게 되자 세 가지 품위를 손상시키는 현상 즉 뒤틀린 욕망, 부정한 탐욕 그리고 그릇된 가치관이 사회를 지배하게 된다. 가정과 종교적 문화적 전통을 무시하는 경향이 공공연한 사회

현상으로 나타난다. 도덕적 퇴보가 이런 식으로 계속되면 마침내는 사람의 수명이 열 살로 줄어들고 결혼연령이 다섯 살까지 내려가게 되는 때가 올 것이다. 그때까지 음식에 많은 변화가 일어나 액체 버터·버터·꿀과 같은 맛있는 음식은 없어지고 지금은 조잡한 음식으로 치는 것들이 그 시대에 가면 맛있는 대표적 음식이 될 것이다. 일체의 도덕관념은 사라지고 언어에서도 도덕을 뜻하는 단어는 찾을 수 없게 된다.

부도덕이 사회적 공인 하에 최고의 위세를 떨칠 것이다. 혼인법도 친족관념도 없어지고 사회는 동물세계처럼 극도로 문란한 난교亂交상태로 전락하게 될 것이다. 그런 인간들 사이에서는 날카로운 상호 적대감이 팽배해져 사람들은 서로가 서로를 죽이려는 격렬한 생각에 사로잡히게 될 것이다. 세계대전이 일어나고 대규모 살육이 벌어지고 만다. 이런 대량학살이 자행되고 난 뒤 살아남은 소수의 헐벗고 굶주린 자들은 서로 만나는 데서 위안을 찾게 되고 그래서 서로를 따뜻한 생각으로 대하기 시작할 것이다. 이런 심경의 변화와 더불어 점진적으로 도덕 가치의 진화가 다시 시작된다. 한 걸음 한 걸음 좋은 생활을 되찾아감에 따라 육체적 아름다움도 다시 피어나고 수명도 늘어난다.

정신적 향상의 가능성도 함께 점차적으로 발전되어 간다.

이상이 불교가 가지고 있는 사회변화에 대한 견해다. 사회는 도덕적 가치의 흥쇠에 따라 일어서기도 하고 무너지기도 한다.

요즈음 일부 사회학적 연구 결과에서도 도덕과 문화가 인과적으로 연결되어 있다는 사실이 드러나고 있어 주목할 만하다.

윌리엄 스티븐스는 문명사회가 성적 규제에 있어 엄격한 데 반해 원시부족 사회에선 혼전 혼외를 막론하고 성적 관계가 매우 자유롭다는 사실을 발견하고 있다.[15] 딘 로버트 핏치는 로마문명의 몰락을 로마인들의 성도덕의 타락과 연관시키고 있다.[16] 이 방면에 있어 가장 중요한 공헌은 J. D. 언윈의 《성과 문화》[17]라는 연구서에서 이루어졌다. 그는 80개의 문명화하지 않은 부족과 6개의 잘 알려진

------

15 《교차문화 관점에서 본 가족제도》(뉴욕 1963) 256~259쪽.
16 밴스 펙커드가 그의 저서 《성의 황야》 417쪽에서 인용.
17 런던 옥스퍼드 대학출판부, 1934.

문화권 민족의 성 행태와 문화 수준 간의 관계를 현지 조사했다. 조사결과는 성의 방임과 원시성 간에 그리고 성의 규제와 문명 간에 분명한 연관성이 있는 것으로 나타났다. 성이 자유로우면 그가 동물적(zoistic, 개념작용의 정지단계) 문화라 이름 붙인 문화가 일어나게 되는데, 거기서는 사람들은 태어나고, 욕구를 충족시키고, 죽고, 시체가 처리되고 나면 잊혀진다. 그들은 이성적으로 사건들 간에 인과적 관련성을 찾아낼 줄 모른다. 예를 들어 병이 나면 마술사를 찾아갈 뿐 그 이상 아무 조처도 하지 않는다. 혼전 또는 혼후에 간헐적으로 어느 정도의 성 규제가 있을 경우에는 일종의 조령숭배祖靈崇拜 문화가 나타나는데, 이 문화에서는 위기의 경우에만 조상을 숭배하고 아직 숭배의식을 치르는 일정한 장소도 정해놓지 않은 단계이다. 일부일처와 같은 엄격한 성의 규제가 있을 경우에만 일정한 숭배의 장소를 가진 이신론理神論적 문화가 탄생된다. 이성·창조·자기인식과 같은 인간의 능력을 동원한 결과로 나타나는 내면적 인간 에너지의 외적 표현이라는 뜻에서의 문화는 일부일처의 관습을 엄격히 시행할 때에만 비로소 가능한 것이다.

　이러한 작동 기제가 어떻게 작용하는지는 아직 알려지

지 않았다. 마치 상이한 응고 상태의 탄소가 어째서 어떤 것은 석탄으로 변하고 어떤 것은 다이아몬드로 변하는지 모르고 있는 경우와 같다.[18] 오직 말할 수 있는 것은 성 행태와 문화유형 간에 명확한 인과의 고리가 존재한다는 사실이다. 언원은 철저하게 조직적인 연구 조사 끝에 이런 결론에 도달하고 있는 만큼 과학적 연구 역시 불교가 견지하는 도덕과 문화간의 연관성에 관한 견해를 뒷받침하고 있다고 주장해도 무방할 것이다.

관능주의와 환경

《증지부》의 한 경(Ⅰ권 160쪽)에서는 사회에 뒤틀린 욕망, 부정한 탐욕, 그릇된 가치관이 만연하면 강우량이 줄어든다고 단언하고 있다. 가뭄은 흉년을 가져오고 그 결과 사망률이 상승한다. 부도덕과 강우량 부족 간의 직접 관련을 설명하는 것이 쉬운 일이 아니나, 다만 《논서論書》들에 나오는 다섯 가지 자연법칙을 해석해보면 가능해질지 모

---

18 제이 디 언원, 《성과 문화》 412, 417, 424쪽 등.

르겠다. 우주에는 다섯 가지 자연법칙 또는 자연력이 있다. 즉 계절에 의한 결정*utuniyāma*, 종자에 의한 결정 *bījaniyāma*, 마음에 의한 결정*cittaniyāma*, 업에 의한 결정 *kammaniyāma* 그리고 법에 의한 결정*dhammaniyāma*이 그것이다.[19]

이를 달리 해설하면 물리적 법칙, 생물학적 법칙, 심리학적 법칙, 도덕적 법칙 그리고 인과의 법칙이 된다. 앞의 네 가지 법칙은 각기 고유 영역 내에서만 작용하지만 마지막의 인과법칙은 그 모든 영역에 걸쳐서 내부적으로 작용함과 동시에 각 영역 간에도 작용한다. 따라서 물리적 환경 또는 생태계는 살아있는 유기체들, 즉 생물계에 직접 영향을 끼치고, 생물계는 심리에 변화를 가져오며, 심리는 도덕적 힘을 결정한다. 또한 반대 방향의 진행 역시 작용하는 바, 그때그때 기능하고 있는 성질 또는 힘에 따라 그 결과는 해로울 수도 있고 이로울 수도 있다.

이와 같은 작용은 구체적인 사례를 통해 예시하는 것이 좋을는지 모르겠다. 사치·부·권력을 탐하는 인간의 욕망

19 《*Aṭṭhasālinī* 義卓越論》：《法集論》의 주석서.
   영역 《*The Expositor*》(PTS) 272쪽 참조.

은 엄청난 수의 공장을 세우기에 이른다. 이 공장들은 대기·수질·소음 공해의 문제를 야기하며, 이는 역으로 동·식물계 모두에 직접적 영향을 끼친다.[20]

인간 활동에 기인한 대기의 여러 특성과 작용에 있어서의 잘못된 변이는 오늘날 과학단체들에 의해 집중적으로 연구되고 있다. 공해와 연무煙霧가 인체, 작물, 경제활동에 미치는 영향은 광범하게 연구하고 있으면서 그것들이 기후 형태에 미치는 영향에 대해서는 상대적으로 관심이 적다는 불평도 있다.

방사선, 구름의 양, 안개, 가시도, 대기권의 전기력장과 같은 수많은 기후상의 요인들이 공해의 영향을 받는다는 것도 잘 알려진 사실이다. 온도와 습도는 간접적으로 영향을 받으며 강우량에 미치는 영향 역시 가능할 것으로 추측하고 있다.[21]

때가 되면 과연 공해가 기상과 기후변화에 확실하게 책임이 있는지 여부가 과학에 의해 밝혀지겠지만 이미 이 세

---

20 미첼 고든, 《병든 도시들》(뉴욕 1963) 80, 92쪽.
21 《기상 및 기후의 변이 : 문제점과 전망》Ⅱ권 (미국과학아카데미, 워싱턴, 1966) 82~108쪽.

계가 극심한 물 부족 현상을 겪고 있는 것만은 엄연한 사실이다.

인류가 환경을 자신에게 이익이 되도록 바꾸기 위해 이성과 지성, 창조력 등 인간 고유의 힘을 쓰고 있다는 사실은 이미 비밀이 아니다. 그러면서도 인류는 자신이 스스로 발휘하는 도덕적 힘으로 인해 그에 상응하는 환경 변화가 일어나서 좋든 싫든 간에 자신의 길흉화복을 좌우하게 된다는 사실은 모르고 있는 것이다.

결론

이 논문을 끝내면서 강조하고 싶은 것은 인간에게 깊은 영향을 미치는 어떤 우주적 도덕력[業]이 존재한다는 사실이다. 불교에 의하면 세계와 인류가 존속할 수 있는 것은 바로 이 우주적 도덕법칙 또는 도덕력 때문이다. 업에 의해 세계가 존재하고, 업에 의해 인간이 존재한다.22

----

22 〔역주〕"*kammanā vattati loko, kammanā vatti pajā* "《숫따니빠

이 우주적 도덕력은 다른 누구에 의해서가 아니라 바로
인간 자신에 의해 생성되는 것이다. 부처님께서도 인간의
생각[思]은 도덕력[業]이라고 단언하셨던 것이다.23

좀 더 직접적으로 말씀하신 것으로는 "생각(또는 이념)이
세계를 지속하게 만든다."24는 말씀이다. 그러므로 인류는
지금 주로 술과 관능 탐닉에 소진하고 있는 그 본래의 고
유한 힘을 다시 찾아야 한다. '내면세계'의 잠재력의 발견
이야말로 '병든 도시'에 살면서 '성의 황야'에서 길을 잃고
'숨은 설득자'를 알아차리지 못하고 천천히 그러나 확실하
게 '털 없는 원숭이'25로 전락해가고 있는 현대인들에게 가
장 시급한 일이 아닐 수 없다.

아따》 654게
23 〔역주〕 "cetanāhaṃ bhikkhave kammaṃ vadāmi"《증지부》Ⅲ권
415쪽.
24 〔역주〕 "cittena nīyāti loko"《상응부》Ⅰ권 39쪽.
25 다음의 작가들이 쓴 책의 제목임. 지나 서미나라《윤회의 비밀》
(뉴욕 1957); 미첼 고든《병든 도시들》(뉴욕 1963); 밴스 펙커드
《성의 황야》(런던 1968),《숨은 설득자》(런던 1957); 데스몬드 모
리스《털 없는 원숭이》(뉴욕 1967)

저자 소개

릴리 드 실바 Lily de Silva(1928~2015)

스리랑카 콜롬보 출생. 스리랑카 페라데니야대학 불교학과 교수를 역임하였다. 저서로는 《장부 복주석서 *Dīgha Nikāya Aṭṭhakathā Ṭīkā*》를 감수하여 런던의 빠알리성전협회Pali Text Society에서 세 권으로 간행한 바 있고, 《호경護經 : 스리랑카의 평화와 번영을 기원하는 불교법어집》을 저술했다. 그밖에도 불교 학술지와 대중지에 꾸준히 기고하고 있다. 1978-79년에는 미국 하버드대학 세계 종교 연구센터에서 객원교수를 지냈으며, 1976년에는 동국대학교 개교 70주년 기념 세계불교학술회의(주제 : 불교와 현대세계)에 참석, 본서 마지막에 수록된 논문 〈관능적 사회풍조와 현대불교〉를 발표하기도 했다.

　〈고요한소리〉에서 번역, 출간된 저작으로는 보리수잎·스물여섯 《오계와 현대사회 *RADICAL THERAPY—Buddhist Precepts and The Modern World*》(BL No 123, BPS), 보리수잎·서른아홉 《스스로 만든 감옥 *The Self-Made Private Prison*》(BL No 120, BPS)이 있다.

〈고요한소리〉는

• 　　근본불교 대장경인 빠알리 경전을 우리말로 옮기는 불사를 감당하고자 발원한 모임으로, 먼저 스리랑카의 불자출판협회BPS에서 간행한 훌륭한 불서 및 논문들을 국내에 번역 소개하고 있습니다.

• 　　이 작은 책자는 근본불교.불교철학·심리학·수행법 등 실생활과 연관된 다양한 분야의 문제를 다루는 연간물連刊物입니다. 이 책들은 실천불교의 진수로서, 불법을 가깝게 하려는 분이나 좀 더 깊이 수행해보고자 하는 분에게 많은 도움이 될 것입니다.

• 　　이 책의 출판 비용은 뜻을 같이 하는 회원들이 보내주시는 회비로 충당되며, 판매 비용은 전액 빠알리 경전의 역경과 그 준비 사업을 위한 기금으로 적립됩니다. 출판 비용과 기금 조성에 도움주신 회원님들께 감사드리며 〈고요한소리〉 모임에 새로이 동참하실 회원을 기다리고 있습니다.

• 　　〈고요한소리〉 책 읽기와 듣기는 리디북스RIDIBOOKS와 유나방송에서 만나볼 수 있습니다.

- 〈고요한소리〉 회원으로 가입하시려면,
  이름, 전화번호, 우편물 받을 주소, e-mail 주소를 〈고요한소리〉
  서울 사무실에 알려주십시오.
  (전화: 02-739-6328, 02-725-3408)
- 회원에게는 〈고요한소리〉에서 출간하는 도서를 보내드리고, 법회나
  모임·행사 등 활동 소식을 전해드립니다.
- 회비, 후원금, 책값 등을 보내실 계좌는 아래와 같습니다.

국민은행 006-01-0689-346
우리은행 004-007718-01-001
농협   032-01-175056
우체국   010579-01-002831
예금주   (사)고요한소리

마음을 맑게 하는 〈고요한소리〉 도서

단행본

붓다의 말씀

This translation was possible
by the courtesy of the Buddhist Publication Society
54, Sangharaja Mawatha P.O.BOX 61
Kandy, Sri Lanka

법륜 · 다섯

한 발은 풍진 속에 둔 채

1990년 8월 20일 1판 1쇄 발행
2020년 4월 20일 1판 7쇄 발행

지은이   릴리 드 실바
옮긴이   정원 김재성
펴낸이   하주락 · 변영섭
펴낸곳   (사)고요한소리
등록번호   제1-879호 1989. 2. 18.
주 소   서울시 종로구 인사동길 47-5 (우 03145)
연락처   전화 02-739-6328, 725-3408 팩스 02-723-9804
           부산지부 051-513-6650 대구지부 053-755-6035
           대전지부 042-488-1689
홈페이지   www.calmvoice.org
이메일   calmvs@hanmail.net

ISBN   978-89-85186-11-7

값 1000원